Kuchnia Śródziemnomorska

Smaki i Aromaty Słońca

Anna Kowalska

STRESZCZENIE

SUFLE ZIEMNIACZANE 24
    SKŁADNIKI 24
    PRZETWARZANIE 24
    SZTUCZKA 24

OMLET 25
    SKŁADNIKI 25
    PRZETWARZANIE 25
    SZTUCZKA 25

KSIĘŻNE ZIEMNIAKI 26
    SKŁADNIKI 26
    PRZETWARZANIE 26
    SZTUCZKA 26

KUBA RYŻ 27
    SKŁADNIKI 27
    PRZETWARZANIE 27
    SZTUCZKA 27

RYŻ Z MAŁŻAMI, MULAMI I KREWETKAMI 28
    SKŁADNIKI 28
    PRZETWARZANIE 28
    SZTUCZKA 29

RYŻ KANTOŃSKI Z KURCZAKIEM 30
    SKŁADNIKI 30
    PRZETWARZANIE 30
    SZTUCZKA 31

SKÓRA RYŻOWA 32
    SKŁADNIKI 32
    PRZETWARZANIE 32
    SZTUCZKA 33
RYŻ KATALOŃSKI 34
    SKŁADNIKI 34
    PRZETWARZANIE 35
    SZTUCZKA 35
RYŻ BROSZOWY Z BIAŁĄ FASOLĄ I Boćwiną 36
    SKŁADNIKI 36
    PRZETWARZANIE 36
    SZTUCZKA 37
RYŻ ZE ŚWIEŻYM TUŃCZYKIEM 38
    SKŁADNIKI 38
    PRZETWARZANIE 38
    SZTUCZKA 39
RYŻ Z KURCZAKIEM, Pancettą, MIGDAŁAMI I Rodzynkami 40
    SKŁADNIKI 40
    PRZETWARZANIE 40
    SZTUCZKA 41
RYŻ Z DORSZEM I BIAŁĄ FASOLĄ 42
    SKŁADNIKI 42
    PRZETWARZANIE 42
    SZTUCZKA 43
RYŻ Z HAMAREM 44
    SKŁADNIKI 44

PRZETWARZANIE 44

SZTUCZKA 45

RYŻ GRECKI 46

SKŁADNIKI 46

PRZETWARZANIE 46

SZTUCZKA 47

RYŻ PANIEROWANY 48

SKŁADNIKI 48

PRZETWARZANIE 48

SZTUCZKA 48

RYŻ Z BURSU MORSKIEGO 50

SKŁADNIKI 50

PRZETWARZANIE 50

SZTUCZKA 51

RYŻ TRZY PRZYJEMNOŚĆ 52

SKŁADNIKI 52

PRZETWARZANIE 52

SZTUCZKA 52

GŁADKI RYŻ Z PERNICĄ 53

SKŁADNIKI 53

PRZETWARZANIE 53

SZTUCZKA 54

RISOTTO Z ŁOSOSIA I DZIKIE SZPARAGI 55

SKŁADNIKI 55

PRZETWARZANIE 55

SZTUCZKA 56

RYŻ Z KROKODYLEM, CIECIERZYCĄ I SZPINAKIEM 57
    SKŁADNIKI 57
    PRZETWARZANIE 57
    SZTUCZKA 58
RYŻ LUB CALDEIRO 59
    SKŁADNIKI 59
    PRZETWARZANIE 59
    SZTUCZKA 60
CZARNY RYŻ Z KALAMARIAMI 61
    SKŁADNIKI 61
    PRZETWARZANIE 61
    SZTUCZKA 62
RYŻ PILAF 63
    SKŁADNIKI 63
    PRZETWARZANIE 63
    SZTUCZKA 63
FIDEUÁ RYB I OWOców MORZA 64
    SKŁADNIKI 64
    PRZETWARZANIE 64
    SZTUCZKA 65
MAKARON PUTANESKA 66
    SKŁADNIKI 66
    PRZETWARZANIE 66
    SZTUCZKA 67
CANNELLONI SZPINAKOWE I WIOSNOWE 68
    SKŁADNIKI 68

PRZETWARZANIE	68
SZTUCZKA	69
SPAGHETTI MARINERA	**70**
SKŁADNIKI	70
PRZETWARZANIE	70
SZTUCZKA	71
ŚWIEŻA LASAGNA Z FLORENTYŃSKIEGO MAKARONU	**72**
SKŁADNIKI	72
PRZETWARZANIE	73
SZTUCZKA	74
SPAGHETTI CARBONARA	**75**
SKŁADNIKI	75
PRZETWARZANIE	75
SZTUCZKA	75
CANNELLONI Z MIĘSA Z PIECZARKAMI BESAMMELLA	**76**
SKŁADNIKI	76
PRZETWARZANIE	77
SZTUCZKA	77
CERVINA LASAGNA I KALAMARI	**78**
SKŁADNIKI	78
PRZETWARZANIE	79
SZTUCZKA	79
PAELLA MIESZANA	**80**
SKŁADNIKI	80
PRZETWARZANIE	80
SZTUCZKA	81

WARZYWNA LASAGNA ZE ŚWIEŻYM SEREM I KMINKIEM 82
- SKŁADNIKI 82
- PRZETWARZANIE 82
- SZTUCZKA 83

MAKARON Z JOGURTEM I SOSEM Z TUŃCZYKA 84
- SKŁADNIKI 84
- PRZETWARZANIE 84
- SZTUCZKA 84

ZIEMNIACZANE GNOCCHI Z ZIOŁOWYM SEREM I SOSEM PISTACJOWYM 85
- SKŁADNIKI 85
- PRZETWARZANIE 85
- SZTUCZKA 86

MAKARON CARBONARA Z ŁOSOSIA 87
- SKŁADNIKI 87
- PRZETWARZANIE 87
- SZTUCZKA 87

Kluseczki Z Borowikami 88
- SKŁADNIKI 88
- PRZETWARZANIE 88
- SZTUCZKA 88

GRILL Z PIZZĄ 89
- SKŁADNIKI 89
- PRZETWARZANIE 90
- SZTUCZKA 91

RISOTTO Z BIAŁEJ KIEŁBASY Z CZERWONYM WINEM I RUKOLIĄ 92

    SKŁADNIKI 92

    PRZETWARZANIE 92

    SZTUCZKA 93

MAKARON Z KREWETKAMI, WARZYWAMI I WSTĘPKAMI SOJOWYMI 94

    SKŁADNIKI 94

    PRZETWARZANIE 94

    SZTUCZKA 94

ROSSEJAT TAGLIETTA Z MĄTĄ I KREWETKAMI 95

    SKŁADNIKI 95

    PRZETWARZANIE 95

    SZTUCZKA 96

MAKARON Z POLĘDWICĄ Z CABRALES 97

    SKŁADNIKI 97

    PRZETWARZANIE 97

    SZTUCZKA 97

GULASZ GÓRSKI 98

    SKŁADNIKI 98

    PRZETWARZANIE 98

    SZTUCZKA 99

FASOLA Z TULUZY 100

    SKŁADNIKI 100

    PRZETWARZANIE 100

    SZTUCZKA 100

COTTO Z DOLINY LIÉBANY 101
    SKŁADNIKI 101
    PRZETWARZANIE 101
    SZTUCZKA 102

Wdowa Fasola 103
    SKŁADNIKI 103
    PRZETWARZANIE 103
    SZTUCZKA 103

GULASZ MADRYT 104
    SKŁADNIKI 104
    PRZETWARZANIE 104
    SZTUCZKA 105

ESCUDELLA 106
    SKŁADNIKI 106
    PRZETWARZANIE 107
    SZTUCZKA 107

FABADA 108
    SKŁADNIKI 108
    PRZETWARZANIE 108
    SZTUCZKA 108

HUMMUS Z CIECIERZYCY 109
    SKŁADNIKI 109
    PRZETWARZANIE 109
    SZTUCZKA 109

SOCZEWICA Z MĄTĄ I MAŁŻAMI 110
    SKŁADNIKI 110

PRZETWARZANIE 110

SZTUCZKA 111

FABE Z MAŁŻAMI 112

SKŁADNIKI 112

PRZETWARZANIE 112

SZTUCZKA 113

FASOLA KATALOŃSKA 114

SKŁADNIKI 114

PRZETWARZANIE 114

SZTUCZKA 115

FASOLA Z RYŻEM 116

SKŁADNIKI 116

PRZETWARZANIE 116

SZTUCZKA 116

FASOLKA Z BYKA 117

SKŁADNIKI 117

PRZETWARZANIE 117

SZTUCZKA 118

SOCZEWICA Z KŁOSEM I LAKONEM 119

SKŁADNIKI 119

PRZETWARZANIE 119

SZTUCZKA 120

JEANSY Z RZEŹBĄ 121

SKŁADNIKI 121

PRZETWARZANIE 121

SZTUCZKA 122

SZTUCZKA 122
CZEKOLADOWY KRÓLIK Z Prażonymi Migdałami 123
- SKŁADNIKI 123
- PRZETWARZANIE 123
- SZTUCZKA 124

CRIADILLA Z JAGNIĘCINY PANIEROWANA W ZIOŁACH 125
- SKŁADNIKI 125
- PRZETWARZANIE 125
- SZTUCZKA 125

eskalopka mediolańska 126
- SKŁADNIKI 126
- PRZETWARZANIE 126
- SZTUCZKA 126

GULASZ MIĘSNY W LA JARDINERA 127
- SKŁADNIKI 127
- PRZETWARZANIE 127
- SZTUCZKA 128

FLAMENKO 129
- SKŁADNIKI 129
- PRZETWARZANIE 129
- SZTUCZKA 129

CIELĘCINA FRICANDO 130
- SKŁADNIKI 130
- PRZETWARZANIE 130
- SZTUCZKA 131

OWSIANKA Z CHORIZO I KIEŁBASĄ 132

SKŁADNIKI 132

PRZETWARZANIE 132

SZTUCZKA 133

LAKON Z RZEPĄ 134

SKŁADNIKI 134

PRZETWARZANIE 134

SZTUCZKA 134

WĄTRÓBKA CIELĘCA W SOSIE Z CZERWONEGO WINA 136

SKŁADNIKI 136

PRZETWARZANIE 136

SZTUCZKA 137

Zając duszony 138

SKŁADNIKI 138

PRZETWARZANIE 138

SZTUCZKA 139

POLĘDWICA WIEPRZOWA Z BRZOSKWINIĄ 140

SKŁADNIKI 140

PRZETWARZANIE 140

SZTUCZKA 140

CHUDNY SOS 141

SKŁADNIKI 141

PRZETWARZANIE 141

SZTUCZKA 142

DUSZONE GAŁKI WIEPRZOWE 143

SKŁADNIKI 143

PRZETWARZANIE 143

SZTUCZKA 144
BUŁKA TARTA 145
    SKŁADNIKI 145
    PRZETWARZANIE 145
    SZTUCZKA 145
POLĘDWICA NADZIEWANA 146
    SKŁADNIKI 146
    PRZETWARZANIE 146
    SZTUCZKA 147
CIELĘCINA CARBONARA 148
    SKŁADNIKI 148
    PRZETWARZANIE 148
    SZTUCZKA 149
CHLEB JAGNIĘCY z borowikami 150
    SKŁADNIKI 150
    PRZETWARZANIE 150
    SZTUCZKA 151
OXOBUCO CIELĘCE Z POMARAŃCZĄ 152
    SKŁADNIKI 152
    PRZETWARZANIE 152
    SZTUCZKA 153
KIEŁBASKA WINNA 154
    SKŁADNIKI 154
    PRZETWARZANIE 154
    SZTUCZKA 154
ANGIELSKI PASZTET MIĘSNY 155

SKŁADNIKI 155

PRZETWARZANIE 155

SZTUCZKA 156

DUSZONA CIELĘCA OKRĄGŁA 157

SKŁADNIKI 157

PRZETWARZANIE 157

SZTUCZKA 158

RENE W JEREZ 159

SKŁADNIKI 159

PRZETWARZANIE 159

SZTUCZKA 160

mediolańskie ossobuco 161

SKŁADNIKI 161

PRZETWARZANIE 161

SZTUCZKA 162

SEKRET IBERYJSKI Z DOMOWYM SOSEM CHIMICHURRI 163

SKŁADNIKI 163

PRZETWARZANIE 163

SZTUCZKA 163

CIELĘCA Z TUŃCZYKA 164

SKŁADNIKI 164

PRZETWARZANIE 164

SZTUCZKA 165

OGON BYKA 166

SKŁADNIKI 166

PRZETWARZANIE 166

SZTUCZKA...167
ciasteczka 168
    SKŁADNIKI..168
    PRZETWARZANIE..168
    SZTUCZKA..168
SORBET CYTRYNOWY Z MIĘTĄ.......................................169
    SKŁADNIKI..169
    PRZETWARZANIE..169
    SZTUCZKA..169
ASTURYJSKI RYŻ Z MLEKIEM...170
    SKŁADNIKI..170
    PRZETWARZANIE..170
    SZTUCZKA..170
DOMOWY TWARD Z MIODEM I ORZECHAMI WŁOSKIMI...........171
    SKŁADNIKI..171
    PRZETWARZANIE..171
    SZTUCZKA..171
CIASTECZKO KAWOWE...172
    SKŁADNIKI..172
    PRZETWARZANIE..172
    SZTUCZKA..172
AMERYKAŃSKA szarlotka 173
    SKŁADNIKI..173
    PRZETWARZANIE..173
    SZTUCZKA..174
CIASTO SOLETILLA...175

SKŁADNIKI	175
PRZETWARZANIE	175
SZTUCZKA	175
PROFITEROLE	176
SKŁADNIKI	176
PRZETWARZANIE	176
SZTUCZKA	177
TATIN Z JABŁECZKAMI	178
SKŁADNIKI	178
PRZETWARZANIE	178
SZTUCZKA	178
MUS Z BIAŁEJ CZEKOLAD I POMARAŃCZY	179
SKŁADNIKI	179
PRZETWARZANIE	179
SZTUCZKA	179
KREM POMARAŃCZOWY	180
SKŁADNIKI	180
PRZETWARZANIE	180
SZTUCZKA	180
CIASTO JOGURTOWE	181
SKŁADNIKI	181
PRZETWARZANIE	181
SZTUCZKA	181
BANANOWY KOMPOT ROZMARYNOWY	182
SKŁADNIKI	182
PRZETWARZANIE	182

SZTUCZKA...182
KREM BRULEE...183
    SKŁADNIKI..183
    PRZETWARZANIE..183
    SZTUCZKA...183
RĘKA CYGAŃSKA FACHOWA W KREMIE...................................184
    SKŁADNIKI..184
    PRZETWARZANIE..184
    SZTUCZKA...184
FLAN JAJKA...185
    SKŁADNIKI..185
    PRZETWARZANIE..185
    SZTUCZKA...185
GALARETKA CAVA Z TRUSKAWKAMI...186
    SKŁADNIKI..186
    PRZETWARZANIE..186
    SZTUCZKA...186
SMAŻONY..187
    SKŁADNIKI..187
    PRZETWARZANIE..187
    SZTUCZKA...187
KOKA ŚW. JANA..188
    SKŁADNIKI..188
    PRZETWARZANIE..188
    SZTUCZKA...189
FILIŻANKA KOMPOTU Z GRUSZEK Z MASCARPONE..................190

- SKŁADNIKI 190
- PRZETWARZANIE 190
- SZTUCZKA 190

CZEKOLADOWY KONTAKT 192
- SKŁADNIKI 192
- PRZETWARZANIE 192
- SZTUCZKA 192

CIASTO MARCHEWKO-SEROWE 193
- SKŁADNIKI 193
- PRZETWARZANIE 193
- SZTUCZKA 194

Krem kataloński 195
- SKŁADNIKI 195
- PRZETWARZANIE 195
- SZTUCZKA 195

FRANCUSKIE TOSTY 196
- SKŁADNIKI 196
- PRZETWARZANIE 196
- SZTUCZKA 196

KREM Z KREMEM 197
- SKŁADNIKI 197
- PRZETWARZANIE 197
- SZTUCZKA 197

Ciasto Kokosowo-Brzoskwiniowe 198
- SKŁADNIKI 198
- PRZETWARZANIE 198

SZTUCZKA..198
FONDUE Z BIAŁEJ CZEKOLAD I OWOCÓW 199
    SKŁADNIKI..199
    PRZETWARZANIE..199
    SZTUCZKA..199
CZERWONE OWOCE W SŁODKIM WINIE Z MIĘTĄ................... 200
    SKŁADNIKI.. 200
    PRZETWARZANIE.. 200
    SZTUCZKA.. 200
INTXAURSALSA (KREM ORZECHOWY) 201
    SKŁADNIKI.. 201
    PRZETWARZANIE.. 201
    SZTUCZKA.. 201
MLEKO Z MERENGUATU 202
    SKŁADNIKI..202
    PRZETWARZANIE..202
    SZTUCZKA..202
KOCIE JĘZYKI... 203
    SKŁADNIKI.. 203
    PRZETWARZANIE.. 203
    SZTUCZKA.. 203
CIASTKA POMARAŃCZOWE 203
    SKŁADNIKI.. 204
    PRZETWARZANIE.. 204
    SZTUCZKA.. 204
PIECZONE JABŁKA Z PORTO 205

SKŁADNIKI 205

PRZETWARZANIE 205

SZTUCZKA 205

GOTOWANA BEZOWA 206

SKŁADNIKI 206

PRZETWARZANIE 206

SZTUCZKA 206

KREM 207

SKŁADNIKI 207

PRZETWARZANIE 207

SZTUCZKA 207

FIOLETOWE CUKIERKI PANNA COTTA 209

SKŁADNIKI 209

PRZETWARZANIE 209

SZTUCZKA 209

CIASTECZKA CYTRUSOWE 210

SKŁADNIKI 210

PRZETWARZANIE 210

SZTUCZKA 211

PASTY MANGA 212

SKŁADNIKI 212

PRZETWARZANIE 212

SZTUCZKA 212

GRUSZKI W WINIE 213

SKŁADNIKI 213

PRZETWARZANIE 213

SZTUCZKA.. 213
CIASTO Z ALASKI.. 214
    SKŁADNIKI.. 214
    PRZETWARZANIE... 214
    SZTUCZKA.. 214
PUDDING 216
    SKŁADNIKI.. 216
    PRZETWARZANIE... 216
    SZTUCZKA.. 216
INTXAURSALSA (KREM ORZECHOWY) 217
    SKŁADNIKI.. 217
    PRZETWARZANIE... 217
    SZTUCZKA.. 217
MLEKO Z MERENGUATU 218
    SKŁADNIKI.. 218
    PRZETWARZANIE... 218
    SZTUCZKA.. 218

SUFLE ZIEMNIACZANE

SKŁADNIKI

1 kg ziemniaków tej samej wielkości

2 litry oliwy z oliwek

sól

PRZETWARZANIE

Ziemniaki obrać i pokroić w prostokąt. Ziemniaki pokroić mandoliną, zachowując grubość około 4 mm. Umieść je na papierze kuchennym (nie wkładaj ich do wody) i dobrze wysusz.

Rozgrzej olej w rondlu do około 150ºC (nie przerywając wrzenia). Dodaj ziemniaki w kilku rundach i dokładnie wymieszaj patelnię okrężnymi ruchami. Gotuj przez 12 minut lub do momentu, aż zaczną wypływać na powierzchnię. Wyjąć z piekarnika i przechowywać na chłonnym papierze.

Podnieś ogień do dużego, aż zacznie lekko dymić i dodaj ziemniaki po trochu, mieszając łyżką cedzakową. W tym czasie będą puchnąć. Sól i podawaj.

SZTUCZKA

Można je zrobić dzień wcześniej; konieczne jest jedynie przechowywanie ich w lodówce na papierze kuchennym. Gdy będą gotowe do jedzenia, ostatnie smażenie smażymy na bardzo gorącym oleju, aby napęczniały i były chrupiące. Sól na koniec. Bardzo ważne jest, aby ziemniaki były suchej odmiany, na przykład kwaśnej. Działa doskonale.

OMLET

SKŁADNIKI

7 dużych jaj

800 g ziemniaków do smażenia

oliwa z oliwek z pierwszego tłoczenia

sól

PRZETWARZANIE

Obierać ziemniaki. Pokrój je wzdłuż na ćwiartki, a te z kolei na cienkie plasterki. Rozgrzej olej do średniej temperatury. Dodaj ziemniaki i smaż, aż będą miękkie i lekko zrumienione.

Ubij jajka i sól. Ziemniaki dobrze odcedzamy i dodajemy do ubitych jajek. Sezon z solą.

Bardzo dobrze rozgrzać patelnię, dodać 3 łyżki oleju do smażenia ziemniaków i dodać mieszankę jajeczno-ziemniaczaną. Mieszaj przez 15 na dużym ogniu i odwróć talerzem. Rozgrzać patelnię i dodać 2 łyżki oleju do smażenia ziemniaków. Dodaj tortillę i smaż na dużym ogniu przez 15 sekund. Piecz i podawaj.

SZTUCZKA

Aby tortilla się nie sklejała, dobrze rozgrzej patelnię przed dodaniem oleju. Jeśli wolisz, aby było dobrze zsiadłe, po obróceniu i lekko zrumienieniu zmniejsz ogień i kontynuuj gotowanie, aż będzie zgodne z naszymi upodobaniami.

KSIĘŻNE ZIEMNIAKI

SKŁADNIKI

500 g ziemniaków

60 g masła

3 jajka

Gałka muszkatołowa

2 łyżki oliwy z oliwek

Sól i pieprz

PRZETWARZANIE

Ziemniaki obrać, pokroić w ćwiartki i gotować 30 minut w osolonej wodzie. Odcedzić i przepuścić przez młynek do warzyw.

Dodaj sól, pieprz, gałkę muszkatołową, masło i 2 jeszcze gorące żółtka. Dobrze wymieszaj.

Za pomocą 2 łyżek nasmarowanych olejem uformować stosy ziemniaków na blasze wyłożonej papierem do pieczenia. Posmarować drugim roztrzepanym jajkiem i piec w temperaturze 180°C na złoty kolor.

SZTUCZKA

Idealnym rozwiązaniem jest włożenie puree do rękawa cukierniczego z zagiętą końcówką.

KUBA RYŻ

SKŁADNIKI

Pilaw Ryżowy (patrz sekcja Ryż i Makaron)

4 jajka

4 banany

Sos Pomidorowy (patrz rozdział Rosoły i Sosy)

Mąka

Oliwa z oliwek

PRZETWARZANIE

Przygotuj pilaw z ryżu i sosu pomidorowego.

Jajka smażymy w dużej ilości gorącego oleju, pozostawiając żółtko do lekkiego ścięcia.

Banany oprószamy mąką i smażymy, aż lekko się zarumienią.

Ułóż ryż na talerzach, skrop sosem pomidorowym i podawaj z jajkiem sadzonym i bananem.

SZTUCZKA

Smażony banan może być intrygujący, ale próba jest częścią oryginalnego przepisu.

RYŻ Z MAŁŻAMI, MULAMI I KREWETKAMI

SKŁADNIKI

800 g ryżu

250 g małży

250 g oczyszczonych małż wraz z muszlami

100 g obranych krewetek

2 litry bulionu rybnego

1 łyżka pulpy z papryki chorizo

2 ząbki czosnku

1 cebula

1 tarty pomidor

Oliwa z oliwek

sól

PRZETWARZANIE

Oczyść małże w misce z zimną wodą i 4 łyżkami soli.

Pokrój cebulę i ząbki czosnku na małe kawałki i pozostaw do wyschnięcia na małym ogniu przez 15 minut.

Dodaj startego pomidora i papryczkę chorizo i smaż dalej, aż pomidor straci wodę.

Dodaj i smaż ryż przez 3 min. Gotuj na parze, aż będzie słony i gotuj na średnim ogniu przez około 18 minut lub do momentu, aż ryż będzie gotowy.

Dodaj małże, małże i krewetki na ostatnie 3 minuty.

SZTUCZKA

Oczyścić oznacza zanurzyć w zimnej słonej wodzie; więc małże lub inne małże wydalą cały piasek i brud, które miały.

RYŻ KANTOŃSKI Z KURCZAKIEM

SKŁADNIKI

200 g długiego ryżu

50 g ugotowanego groszku

150 ml sosu pomidorowego

½ dl sosu sojowego

2 piersi z kurczaka

2 plastry ananasa w syropie

1 duża zielona papryka

1 duża cebula dymka

Oliwa z oliwek

Sól i pieprz

PRZETWARZANIE

Ryż gotujemy w dużej ilości wrzącej, osolonej wody przez 14 minut. Odcedź i ostudź.

Pokrój paprykę i dymkę na małe kawałki i pozostaw do wyschnięcia na małym ogniu przez 10 minut. Zwiększamy ogień i dodajemy doprawionego kurczaka pokrojonego w paski.

Lekko zrumienić i dodać ryż, soję, groszek i ananasa. Niech zredukuje się na małym ogniu, aż wyschnie.

Dodaj pomidory, zwiększ ogień i smaż, aż ryż będzie gotowy.

SZTUCZKA

Ryż powinien być smażony przez ostatnie 2 minuty, kiedy soja całkowicie się zredukuje. Możesz dodać gotowane krewetki lub krewetki.

SKÓRA RYŻOWA

SKŁADNIKI

500 g ryżu

1 ¼ l bulionu drobiowego lub wołowego

1 kiełbasa

1 kiełbasa

1 kaszanka

1 królik

1 mały kurczak

1 pomidor

10 jajek

Szafran lub barwnik

Oliwa z oliwek

Sól i pieprz

PRZETWARZANIE

Rozgrzej piekarnik do 220ºC. Pokrój chorizo, kiełbasę i kaszankę na małe kawałki i zrumień je na patelni do paelli na dużym ogniu. Usuń i zarezerwuj.

Na tym samym oleju usmaż królika i kurczaka pokrojonego na małe kawałki. Doprawiamy solą i dodajemy startego pomidora. Gotuj, aż zabraknie wody.

Dodaj kiełbaski i ryż i gotuj przez 2 minuty.

Wlać solony bulion, dodać szafran lub barwnik spożywczy i gotować przez 7 minut na średnim ogniu. Dodać jajka i gotować 13 min.

SZTUCZKA

Aby jajka rosły znacznie bardziej w piekarniku, ubij je lekko bez soli.

RYŻ KATALOŃSKI

SKŁADNIKI

500 g ryżu

500 g pomidorów

150 g świeżej kiełbasy

150 g mieszanego mięsa mielonego

100 g posiekanej cebuli

1 litr bulionu mięsnego

1 ½ łyżeczki papryki

1 łyżeczka świeżej pietruszki

1 łyżeczka mąki

½ łyżki mąki

3 ząbki czosnku

2 liście laurowe

1 jajko

10 nitek szafranu

cukier

1 łyżka masła

Oliwa z oliwek

Sól i pieprz

PRZETWARZANIE

Połącz mięso mielone, natkę pietruszki, 1 drobno posiekany ząbek czosnku, jajko, sól i pieprz. Wszystko wymieszaj i uformuj kulki. Zrumienić na oleju, wyjąć i odstawić.

Na tym samym oleju na małym ogniu podsmaż masło. Dodaj mąkę i 1/2 łyżeczki papryki i smaż jeszcze przez minutę. Dodaj pokrojone w ćwiartki pomidory i 1 liść laurowy. Przykryj i gotuj przez 30 minut, wymieszaj, odcedź i w razie potrzeby dopraw solą i cukrem.

Kiełbaski pokrojone na kawałki i klopsiki gotujemy przez 5 minut w sosie pomidorowym.

Osobno podsmażamy pozostałe 2 ząbki czosnku i drobno posiekaną cebulę, dodajemy ryż, 1 łyżeczkę papryki, drugi liść laurowy i mieszamy 2 minuty. Dodaj szafran i wrzący bulion, aż sól zostanie dostosowana i gotuj przez 18 minut lub do momentu, aż ryż będzie gotowy.

SZTUCZKA

Do tego dania z ryżu możesz również dodać kiełbasę.

RYŻ BROSZOWY Z BIAŁĄ FASOLĄ I Boćwiną

SKŁADNIKI

300 g ryżu

250 g białej fasoli

450 g boćwiny

½ litra bulionu z kurczaka

2 ząbki czosnku

1 tarty pomidor

1 cebula

1 łyżeczka papryki

10 nitek szafranu

Oliwa z oliwek

sól

PRZETWARZANIE

Fasolkę należy namoczyć dzień wcześniej. Gotować w zimnej wodzie bez soli do miękkości. Rezerwa.

Oczyść i pokrój liście boćwiny na średnie kawałki. Oczyść, obierz i pokrój liście na małe kawałki. Gotować we wrzącej osolonej wodzie przez 5 minut lub do miękkości. Przeładować.

Cebulę i czosnek pokroić na małe kawałki. Wrzuć je do garnka na małym ogniu. Dodaj paprykę i szafran. Gotuj 30 sek. Dodaj pomidora, zwiększ ogień i gotuj, aż pomidor straci całą wodę.

Dodaj ryż i gotuj przez kolejne 2 minuty. Do bulionu z kurczaka dodaj 250 ml wody z gotowania fasoli i kolejne 250 ml wody z gotowania buraków. Doprawiamy solą i dodajemy do ryżu. Gotuj przez 15 minut, dodaj boćwinę i fasolę i gotuj przez kolejne 3 minuty.

SZTUCZKA

Pod koniec gotowania ryż lekko zamieszaj, aby uwolnić skrobię i zagęścić bulion.

RYŻ ZE ŚWIEŻYM TUŃCZYKIEM

SKŁADNIKI

200 g ryżu

250 g świeżego tuńczyka

1 łyżeczka słodkiej papryki

½ l bulionu rybnego

4 starte pomidory

3 papryczki piquillo

1 zielona papryka

2 ząbki czosnku

1 cebula

10 nitek szafranu

sól

PRZETWARZANIE

Na patelni do paelli podsmaż pokrojonego w kostkę tuńczyka na dużym ogniu. Usuń i zarezerwuj.

Pokrój cebulę, zieloną paprykę i czosnek na małe kawałki. Smaż na małym ogniu na tym samym oleju co tuńczyk przez 15 min.

Dodaj szafran, paprykę, średniej wielkości papryczki piquillo i starte pomidory. Gotuj, aż pomidor straci całą wodę.

Następnie dodaj ryż i gotuj kolejne 3 min. Zwilżyć solonym bulionem i gotować 18 min. Około 1 minuty przed tym, jak ryż będzie gotowy, ponownie dodaj tuńczyka. Pozostaw na 4 minuty, aby odpoczęło.

SZTUCZKA

Podczas gotowania tuńczyka należy zachować ostrożność. Jeśli zrobi się to w nadmiarze, będzie bardzo suche i bez smaku.

RYŻ Z KURCZAKIEM, Pancettą, MIGDAŁAMI I Rodzynkami

SKŁADNIKI

300 g ryżu

175 g boczku

150 g prażonych migdałów granulowanych

75 g rodzynek

700 ml bulionu z kurczaka

1 pierś z kurczaka

10 nitek szafranu

1 zielona papryka

1 czerwona papryka

1 ząbek czosnku

1 tarty pomidor

1 cebula dymka

Oliwa z oliwek

Sól i pieprz

PRZETWARZANIE

Pierś pokroić na średnie kawałki, doprawić solą i pieprzem i zrumienić na dużym ogniu. Usuń i zarezerwuj. Na tym samym oleju podsmażyć pokrojony w kostkę boczek. Usuń i zarezerwuj.

Pokrój wszystkie warzywa na małe kawałki, z wyjątkiem pomidora. Smaż je na małym ogniu przez 15 min. Dodać szafran i paprykę. Smażyć przez 30 sek. Dodaj startego pomidora i gotuj na dużym ogniu, aż cała woda odparuje.

Dodaj ryż i smaż przez 3 minuty, ciągle mieszając. Dodać kurczaka, rodzynki i boczek. Zwilżyć solonym bulionem i gotować 18 min. Odstaw na 4 minuty i podawaj z migdałami na wierzchu.

SZTUCZKA

Aby rodzynki były bardziej miękkie, zaleca się nawodnienie ich wodą lub odrobiną rumu.

RYŻ Z DORSZEM I BIAŁĄ FASOLĄ

SKŁADNIKI

200 g ryżu

250 g odsolonego dorsza

125 g białej fasoli, ugotowanej

½ l bulionu rybnego

1 cebula dymka

1 ząbek czosnku

1 tarty pomidor

1 zielona papryka

10 nitek szafranu

Oliwa z oliwek

sól

PRZETWARZANIE

Pokrój cebulę, czosnek i pieprz na małe kawałki i pozostaw do wyschnięcia na małym ogniu przez 15 minut. Dodaj szafran i startego pomidora i gotuj, aż w pomidorach prawie nie będzie wody.

Dodaj ryż i gotuj przez 3 minuty. Dodaj bulion, dopraw solą i gotuj przez około 16 minut. Dodaj dorsza i fasolę. Gotuj jeszcze 2 minuty i odstaw na 4 minuty.

SZTUCZKA

Można go włożyć do piekarnika przy pierwszym zagotowaniu, aby ryż był całkowicie suchy. Wystarczy 18 minut w 200 ºC.

RYŻ Z HAMAREM

SKŁADNIKI

250 g ryżu

150 g małży

¾ l bulionu rybnego (patrz rozdział Rosoły i Sosy)

1 duży homar

1 łyżka posiekanej natki pietruszki

2 starte pomidory

1 cebula

1 ząbek czosnku

10 nitek szafranu

Oliwa z oliwek

sól

PRZETWARZANIE

Homara przekroić na pół. Przepłucz małże w zimnej wodzie z dużą ilością soli przez 2 godziny.

Obsmaż homara z obu stron na odrobinie oleju. Odstawić i na ten sam olej dodać posiekaną cebulę i czosnek. Dusić przez 10 minut na małym ogniu.

Dodaj szafran, gotuj przez 30 sekund, zwiększ ogień i dodaj pomidory. Gotuj, aż pomidor straci całą wodę.

Dodać ryż i gotować 2 min. Wlać wrzący bulion, aż będzie słony i gotować jeszcze 14 minut. Ułóż małże i mięso homara stroną do dołu. Odstawić pod przykryciem na 4 minuty.

SZTUCZKA

Aby ten ryż był słodki, trzeba wlać trzy razy więcej bulionu niż ryżu. A jeśli chcesz, żeby wyszedł bulion, musisz dodać cztery razy więcej bulionu niż ryżu.

RYŻ GRECKI

SKŁADNIKI

600 g ryżu

250 g świeżej kiełbasy

100 g boczku pokrojonego w kostkę

100 g czerwonej papryki

100 g cebuli

50 g groszku

1 litr bulionu mięsnego

1 liść laurowy

1 gałązka tymianku

Sól i pieprz

PRZETWARZANIE

Cebulę i chili pokroić w drobną kostkę i podsmażyć na średnim ogniu.

Kiełbaski kroimy na kawałki i dodajemy do smażonej cebuli i chilli. Dodaj bekon i gotuj przez 10 minut.

Dodać ryż i dodać bulion doprawiony solą, groszkiem i aromatycznymi ziołami. Dopraw solą i pieprzem i kontynuuj gotowanie na małym ogniu przez kolejne 15 minut.

SZTUCZKA

Można użyć papryczek Piquillo; Dają doskonały posmak słodyczy.

RYŻ PANIEROWANY

SKŁADNIKI

600 g ryżu

500 g pomidorów

250 g oczyszczonych pieczarek

150 g masła

90 g cebuli

75 g startego parmezanu

1 i ¼ litra bulionu mięsnego

12 nitek szafranu

sól

PRZETWARZANIE

Podsmaż pokrojoną w kostkę cebulę na maśle przez 10 minut na małym ogniu. Dodaj pokrojone pomidory i smaż przez kolejne 10 minut, aż pomidory stracą całą wodę.

Dodaj ryż i smaż przez 2 min. Następnie dodać pokrojone pieczarki i szafran.

Dodaj wrzący bulion do punktu soli i gotuj przez około 18 minut lub do momentu, gdy ryż będzie miękki. Dodać ser i wymieszać.

SZTUCZKA

Jeśli szafran zostanie lekko uprażony w folii aluminiowej i sproszkowany w moździerzu z solą, szafran rozłoży się równomiernie.

RYŻ Z BURSU MORSKIEGO

SKŁADNIKI

Bomba 500 g lub okrągły ryż

1 ½ l bulionu rybnego

1 cebula

1 czerwona papryka

1 zielona papryka

1 duży starty pomidor

2 ząbki czosnku

8 nitek szafranu

8 kalmarów

Różne owoce morza (krewetki, krewetki itp.)

Oliwa z oliwek

sól

PRZETWARZANIE

Przygotuj bulion rybny z ośćami, głowami ryb i skorupiakami. Aby to zrobić, gotuj wszystko przez 25 minut na małym ogniu z taką ilością wody, aby je przykryła podczas gotowania. Odcedzić i doprawić solą.

W międzyczasie pokroić cebulę, paprykę i czosnek w kostkę i podsmażyć na odrobinie oleju. Dodaj posiekaną młodą kałamarnicę i gotuj na dużym ogniu przez 2 minuty. Dodaj startego pomidora i gotuj, aż straci wodę.

Dodaj ryż i zrumień go. Dodaj szafran, gotuj na słono i gotuj na średnim ogniu przez 18 min.

W ciągu ostatnich 2 minut dodaj skorupiaki, dobrze oczyszczone i wstępnie grillowane, jeśli chcesz. Odstawić na 5 min.

SZTUCZKA

Jeśli dodasz do dymu kilka ñoras, bulion będzie miał więcej smaku i ładny kolor.

RYŻ TRZY PRZYJEMNOŚĆ

SKŁADNIKI

400 g ryżu

150 g gotowanej szynki

150 g groszku

3 marchewki

3 jajka

Oliwa z oliwek

sól

PRZETWARZANIE

Ryż podsmażamy na odrobinie oleju, a następnie gotujemy we wrzącej, osolonej wodzie.

W międzyczasie obierz marchewki, pokrój je na małe kawałki i pozwól im wyschnąć na dużym ogniu. Groch gotujemy 12 minut we wrzącej osolonej wodzie. Przefiltrować i ostudzić.

Zrób francuski omlet z 3 jajek. Ugotowaną szynkę kroimy w kostkę i mieszamy z ryżem. Brązuj przez 5 minut na małym ogniu. Dodaj marchewkę, groszek i tortillę pokrojoną w cienkie paski.

SZTUCZKA

Do tego przepisu najlepiej użyć długiego ryżu. Trzeba go ugotować z odpowiednią ilością wody.

GŁADKI RYŻ Z PERNICĄ

SKŁADNIKI

500 g bombowego ryżu

2 kuropatwy

1 cebula

1 czerwona papryka

1 zielona papryka

1 marchewka

2 ząbki czosnku

2 łyżki smażonego pomidora

1 liść laurowy

tymianek

Brandy

Oliwa z oliwek

Sól i pieprz

PRZETWARZANIE

Kuropatwy posiekać i przyprawić. Podsmaż je w rondelku na dużym ogniu. Usuń i zarezerwuj. Na tym samym oleju podsmażyć drobno pokrojoną paprykę, cebulę, czosnek i marchewkę.

Dodaj smażonego pomidora i brandy i zredukuj. Następnie dodać tymianek, liść laurowy i kuropatwy. Zalewamy wodą i szczyptą soli i gotujemy na małym ogniu do miękkości kuropatw.

Kiedy kuropatwy będą miękkie, wyjmij je z bulionu i zostaw w tym samym garnku tylko 1,5 litra bulionu.

Posolić bulion i dodać ryż i ponownie kuropatwy. Gotuj przez około 18 minut, a na koniec delikatnie wymieszaj ryż, aby zmiękł.

SZTUCZKA

Ten przepis można zrobić przez noc. Konieczne będzie tylko dodanie ryżu.

RISOTTO Z ŁOSOSIA I DZIKIE SZPARAGI

SKŁADNIKI

240 g ryżu drzewnego

150 g parmezanu

600 cl bulionu mięsnego

1 kieliszek białego wina

2 łyżki masła

4 dzikie szparagi

1 cebula

4 plastry wędzonego łososia

PRZETWARZANIE

Podsmaż posiekaną cebulę na 1 łyżce masła przez 10 minut na małym ogniu. Dodać ryż i gotować jeszcze 1 minutę. Dodaj wino i pozwól mu całkowicie odparować.

W międzyczasie pokrój szparagi w cienkie plasterki i zrumień je. rezerwa

Doprowadź bulion do wrzenia do punktu, w którym będzie słony i dodaj go do ryżu (powinien wystawać palec nad ryż). Gotować na małym ogniu nie przestając mieszać i dodawać bulionu w miarę odparowywania płynu.

Gdy ryż będzie prawie gotowy (zawsze zostaw go z odrobiną bulionu), dodaj smażone szparagi i wędzonego łososia w paski.

Dodać parmezan, drugą łyżkę masła i wymieszać. Odstawić na 5 minut przed podaniem.

SZTUCZKA

Wino może być również czerwone, różowe lub musujące. Ryż można przygotować wcześniej. Aby to zrobić, po prostu gotuj ryż przez 10 minut, zamroź do schłodzenia i wstaw do lodówki. Gdy chcesz go przygotować, wystarczy zalać gorącym bulionem i poczekać, aż ryż będzie gotowy.

RYŻ Z KROKODYLEM, CIECIERZYCĄ I SZPINAKIEM

SKŁADNIKI

300 g ryżu

250 g ugotowanej ciecierzycy

250 g świeżego szpinaku

450 g żabnicy w kawałkach

750 ml bulionu rybnego

10 nitek szafranu

2 ząbki czosnku

1 cebula dymka

1 tarty pomidor

1 łyżeczka papryki

Oliwa z oliwek

Sól i pieprz

PRZETWARZANIE

Dopraw żabnicę i zrumień ją na gorącej patelni do paelli. Rezerwa.

Drobno posiekaj cebulę i czosnek. Smaż na małym ogniu przez 10 minut na tej samej patelni do paelli, na której gotowała się żabnica. Dodaj połamany szpinak i gotuj kolejne 3 minuty.

Dodaj paprykę i szafran i gotuj przez 30 sekund. Dodaj startego pomidora i gotuj, aż straci całą wodę.

Dodaj ryż i smaż przez 2 min. Zwilżyć solonym bulionem i gotować 15 min. Dodaj żabnicę i ciecierzycę i gotuj przez kolejne 3 minuty.

SZTUCZKA

Reszta ryżu jest niezbędna. Przed podaniem odstaw na co najmniej 4 minuty.

RYŻ LUB CALDEIRO

SKŁADNIKI

200 g ryżu

150 g chudej wieprzowiny

150 g żeberek wieprzowych

¼ królika

¼ l bulionu wołowego lub drobiowego

10 nitek szafranu

2 starte pomidory

2 ząbki czosnku

1 mała czerwona papryka

1 cebula

Oliwa z oliwek

Sól i pieprz

PRZETWARZANIE

Doprawić i zrumienić wieprzowinę, królika i mielone żeberka na dużym ogniu. Usuń i zarezerwuj.

Na tym samym oleju delikatnie smażymy przez 15 minut cebulę, paprykę i pokrojony w kostkę czosnek. Dodaj szafran i starte pomidorki koktajlowe. Gotuj, aż pomidor straci całą wodę.

Dodać ryż i gotować 2 min. Wlać osolony bulion i gotować jeszcze 18 minut.

SZTUCZKA

Ryż musi być lepki. W przeciwnym razie pod koniec gotowania dodać jeszcze trochę bulionu i lekko wymieszać.

CZARNY RYŻ Z KALAMARIAMI

SKŁADNIKI

400 g ryżu

1 litr bulionu rybnego

16 obranych krewetek

8 kalmarów

1 ząbek czosnku

2 łyżki sosu pomidorowego

8 saszetek tuszu z mątwy

½ cebuli

½ zielonego pieprzu

½ czerwonej papryki

½ szklanki białego wina

Oliwa z oliwek

sól

PRZETWARZANIE

Drobno posiekaj cebulę, czosnek i paprykę i smaż wszystko na patelni do paelli na małym ogniu, aż warzywa będą miękkie.

Dodaj oczyszczoną i pokrojoną na średnie kawałki kalmary i smaż na dużym ogniu przez 3 minuty. Dodaj sos pomidorowy i gotuj kolejne 5 minut.

Dodaj wino i pozwól mu się całkowicie zredukować. Dodaj saszetki z ryżem i atramentem i smaż kolejne 3 min.

Dodać wrzący bulion, aż będzie słony i gotować w temperaturze 200°C przez 18 minut lub do wyschnięcia. Dodaj krewetki na ostatnie 5 minut i pozwól im odpocząć przez kolejne 5 minut przed podaniem.

SZTUCZKA

Pod koniec upieczonego ryżu łatwiej im wyjść na swoje miejsce. Do tego dobre alioli.

RYŻ PILAF

SKŁADNIKI

300 g ryżu okrągłoziarnistego

120 g masła

60 g cebuli

600 ml bulionu z kurczaka (lub wrzątku)

2 ząbki czosnku

1 gałązka tymianku, pietruszki i liścia laurowego

PRZETWARZANIE

Posiekaj cebulę i czosnek na brunoise i podsmaż na maśle, nie dopuszczając do zbrązowienia.

Gdy zacznie robić się przezroczysty, dodaj bukiet garni i ryż. Smażymy, aż ryż dobrze nasączy się masłem. Wlać bulion lub wrzącą osoloną wodę i wymieszać.

Gotuj przez około 6 lub 7 minut na dużym ogniu, następnie zredukuj do minimum, przykryj i kontynuuj gotowanie przez kolejne 12 minut.

SZTUCZKA

Można go piec w piekarniku przez 12 minut w temperaturze 200 ºC, aż będzie suchy. Ten ryż służy jako pojedyncze danie lub jako dodatek do mięsa i ryb.

FIDEUÁ RYB I OWOców MORZA

SKŁADNIKI

400 g cienkiego makaronu

350 g pomidorów

250 g żabnicy

800 ml bulionu

4 krewetki

1 mała cebula

1 zielona papryka

2 ząbki czosnku

1 łyżka papryki

10 nitek szafranu

Oliwa z oliwek

Sól i pieprz

PRZETWARZANIE

Zrumienić na patelni lub patelni do paelli, zrumienić makaron na oleju. Wyjmij i zarezerwuj.

Na tym samym oleju usmażyć krewetki i przyprawionego żabnicę. Wyjmij i zarezerwuj.

Na tym samym oleju podsmaż posiekaną cebulę, paprykę i czosnek. Dodaj paprykę, szafran i starte pomidory i gotuj przez 5 min.

Dodać makaron i wymieszać. Gotuj na parze, aż będzie słona i gotuj na średnim ogniu przez 12 minut lub do odparowania bulionu. Gdy pozostały 3 minuty na gotowanie, dodaj krewetki i żabnicę.

SZTUCZKA

Do tego czarne alioli. Aby to zrobić, po prostu zrób normalne aioli i wymieszaj je z torebką atramentu kałamarnicy.

MAKARON PUTANESKA

SKŁADNIKI

1 słoik anchois 60 g

2 ząbki czosnku

2 łyżki kaparów

2 lub 3 duże starte pomidory

20 czarnych oliwek bez pestek

1 cayenne

cukier

Lebiodka

Parmezan

PRZETWARZANIE

Smaż posiekane anchois w oleju z puszki na małym ogniu, aż prawie znikną. Dodaj posiekany czosnek na bardzo małe kawałki i gotuj na małym ogniu przez 4 minuty.

Dodaj posiekane kapary, startego pomidora oraz oliwki bez pestek i pokrojone w ćwiartki. Gotuj przez około 10 minut na średnim ogniu razem z pieprzem cayenne (zdjąć po ugotowaniu sosu) i ewentualnie doprawić cukrem. Dodaj oregano i parmezan do smaku.

Ugotuj dowolny rodzaj makaronu i dodaj putaneskę na wierzchu.

SZTUCZKA

Do jego przygotowania można dodać trochę startej marchwi i czerwonego wina.

CANNELLONI SZPINAKOWE I WIOSNOWE

SKŁADNIKI

500 g szpinaku

200 g twarogu

75 g startego parmezanu

50 g prażonych orzeszków piniowych

16 dań z makaronu

1 ubite jajko

Sos Pomidorowy (patrz rozdział Rosoły i Sosy)

Beszamel (patrz rozdział Rosoły i Sosy)

sól

PRZETWARZANIE

Ugotować dania z makaronu w dużej ilości wrzącej wody. Wyjąć z piekarnika, ostudzić i osuszyć na czystej ściereczce.

Szpinak gotujemy 5 minut we wrzącej osolonej wodzie. Odcedź i ostudź.

W misce wymieszaj sery, orzeszki pinii, szpinak, jajko i sól. Wypełnij cannelloni mieszanką i nadaj im cylindryczny kształt.

Ułóż podstawę sosu pomidorowego na blasze do pieczenia, ułóż cannelloni i zakończ sosem beszamelowym. Pieczemy 40 min w 185ºC.

SZTUCZKA

Do nadzienia możesz użyć dowolnego rodzaju sera i dodać do niego ser typu Burgos, aby nadać mu większą konsystencję i miękkość.

SPAGHETTI MARINERA

SKŁADNIKI

400 gramów spaghetti

500 g małży

1 cebula

2 ząbki czosnku

4 łyżki wody

1 mały pomidor

1 mały kieliszek białego wina

½ chili

Oliwa z oliwek

sól

PRZETWARZANIE

Zanurz małże na 2 godziny w zimnej wodzie z dużą ilością soli, aby dobrze je oczyścić z resztek brudu.

Po oczyszczeniu ugotuj je w przykrytym garnku z 4 łyżkami wody i kieliszkiem wina. Jak tylko się otworzą, odcedź je i odstaw wodę z gotowania.

Smaż posiekaną cebulę i czosnek przez 5 min. Dodaj pokrojone w kostkę pomidory i gotuj przez kolejne 5 minut. Dodaj chili i smaż, aż wszystko się dobrze zrumieni.

Zwiększyć ogień i dodać wodę z gotowania małży. Gotuj przez 2 minuty, aż wino straci cały alkohol i dodaj małże. Pieczemy kolejne 20 sek.

Osobno ugotuj spaghetti, odcedź je i nie studząc, wymieszaj z sosem i małżami.

SZTUCZKA

Do tego dania można również dodać kilka kostek żabnicy, krewetek lub muli. Wynik jest równie dobry.

ŚWIEŻA LASAGNA Z FLORENTYŃSKIEGO MAKARONU

SKŁADNIKI

Do prześcieradeł

100 g mąki

2 jajka

sól

Do sosu pomidorowego

500 g dojrzałych pomidorów

250 g cebuli

1 ząbek czosnku

1 mała marchewka

1 mały kieliszek białego wina

1 gałązka tymianku, rozmarynu i liścia laurowego

1 czubek szynki

Na poranny sos

80 g mąki

60 g startego parmezanu

80 g masła

1 litr mleka

2 żółtka

Gałka muszkatołowa

Sól i pieprz

Inne składniki

150 g oczyszczonego szpinaku

Tarty parmezan

PRZETWARZANIE

Do prześcieradeł

Ułóż mąkę na stole w kształcie wulkanu i włóż szczyptę soli i jajko do środkowego otworu. Mieszaj palcami.

Zagnieść dłońmi, uformować kulę i odstawić do lodówki na 30 minut, przykrywając wilgotną ściereczką. Rozwałkować bardzo cienko wałkiem do ciasta, porcjować, upiec i ostudzić.

Do sosu pomidorowego

Cebulę, czosnek i marchewkę kroimy w paski julienne i podsmażamy razem z czubkiem szynki. Dodaj wino i pozwól mu się zredukować. Dodaj pokrojone w ćwiartki pomidory i zioła i przykryj. Gotuj przez 30 minut. Dostosuj sól i cukier. Usuń aromatyczne zioła i szynkę i zmiksuj.

Na poranny sos

Przygotuj sos beszamelowy (patrz rozdział Rosoły i sosy) o podanej powyżej wadze. Dodaj żółtka i ser, zdejmij z ognia.

Skończyć

Pokrój szpinak w paski julienne i gotuj przez 5 minut we wrzącej wodzie. Schłodzić i dobrze odsączyć. Wymieszaj z sosem Mornay.

Podawaj sos pomidorowy u podstawy formy, następnie ułóż świeży makaron i na koniec posyp szpinakiem. Czynność powtórzyć 3 razy. W komplecie z sosem Mornay i tartym parmezanem. Pieczemy w 180ºC przez 20 min.

SZTUCZKA

Aby zaoszczędzić czas, możesz kupić arkusze lasagne.

SPAGHETTI CARBONARA

SKŁADNIKI

400 g makaronu

100 g boczku

80 g parmezanu

2 jajka

Oliwa z oliwek

sól i czarny pieprz

PRZETWARZANIE

Boczek kroimy w paski i podsmażamy na rozgrzanej patelni z odrobiną oleju. Rezerwa.

Spaghetti ugotować we wrzącej, osolonej wodzie. W międzyczasie ubij żółtka z 2 jaj i dodaj starty ser wraz ze szczyptą soli i pieprzu.

Odcedź makaron bez studzenia i nie pozwalając mu ostygnąć, wymieszaj z ubitymi jajkami. Gotuj z ciepłem makaronu. Dodaj boczek i podawaj z tartym serem i pieprzem.

SZTUCZKA

Z białek można zrobić dobrą bezę.

CANNELLONI Z MIĘSA Z PIECZARKAMI BESAMMELLA

SKŁADNIKI

300 g pieczarek

200 g wołowiny

12 talerzy cannelloni lub świeżego makaronu (100 g mąki, 1 jajko i sól)

80 g parmezanu

½ litra mleka

1 cebula

1 zielona papryka

2 ząbki czosnku

1 szklanka sosu pomidorowego

2 marchewki

40 gramów mąki

40 g masła

białe wino

Lebiodka

Gałka muszkatołowa

Sól i pieprz

PRZETWARZANIE

Warzywa kroimy w drobną kostkę i podsmażamy. Dodaj mięso i smaż dalej, aż cielęcina straci swój różowy kolor. Pora roku. Dodać białe wino i odparować. Dodaj sos pomidorowy i gotuj przez 30 min. Dodaj trochę oregano i pozostaw do ostygnięcia.

Z boku przygotuj sos beszamelowy z masła, mąki, mleka i gałki muszkatołowej (patrz rozdział Rosoły i sosy). Następnie podsmaż grzyby i zmiksuj je razem z beszamelem.

Gotuj dania z cannelloni. Nadziewać makaron mięsem i zawijać. Dopraw grzybowym beszamelem i posyp startym parmezanem. Piec w 190ºC przez 5 minut i zrumienić.

SZTUCZKA

Aby zapobiec ich rozpadaniu się, podziel cannelloni na dwie części, gdy są jeszcze zimne. Wtedy konieczne będzie jedynie podgrzanie porcji w piekarniku.

CERVINA LASAGNA I KALAMARI

SKŁADNIKI

Do beszamelu

50 g masła

50 g mąki

1 litr mleka

Gałka muszkatołowa

sól

ostry sos

2 duże czerwone papryki

1 mała cebula

Oliwa z oliwek

cukier

sól

Na farsz

400 g granika

250 g kalmarów

1 duża cebula

1 duża czerwona papryka

Gotowe potrawy z lasagne

PRZETWARZANIE

Do beszamelu

Przygotuj beszamel, podsmażając mąkę z masłem i dodając mleko. Gotuj przez 20 minut nie przestając mieszać i dopraw solą i gałką muszkatołową.

ostry sos

Papryki upiecz i po upieczeniu odstaw pod przykryciem na 15 minut.

W międzyczasie na dużej ilości oleju podsmaż cebulę pokrojoną w paski julienne. Papryki obrać, dodać do cebuli i smażyć przez 5 minut. Usuń trochę oleju i posiekaj.

W razie potrzeby dostosuj sól i cukier.

Na farsz

Podsmaż cebulę i paprykę pokrojoną w paski julienne i dodaj granika. Gotuj przez 3 minuty na dużym ogniu i dodaj kalmary. Gotuj do miękkości.

Umieść sos beszamelowy na blasze do pieczenia, a na wierzchu ułóż warstwę lasagne. Rzeczy z rybą. Czynność powtórzyć 3 razy.

Całość polać beszamelem i piec w temperaturze 170°C przez 30 min.

Podawać z sosem pieprzowym na wierzchu.

SZTUCZKA

Jeśli do sosu beszamelowego dodasz trochę ugotowanej i rozgniecionej marchwi, będzie smaczniejszy.

PAELLA MIESZANA

SKŁADNIKI

300 g ryżu

200 g małży

125 g kalmarów

125 g krewetek

700 ml bulionu rybnego

½ mielonego kurczaka

¼ królika, mielonego

1 gałązka rozmarynu

12 nitek szafranu

1 pomidor

1 cebula dymka

½ czerwonej papryki

½ zielonego pieprzu

1 ząbek czosnku

Oliwa z oliwek

Sól i pieprz

PRZETWARZANIE

Posiekać, przyprawić i zrumienić kurczaka i królika na dużym ogniu. Usuń i zarezerwuj.

Na tym samym oleju smażymy przez 10 minut drobno pokrojoną cebulę, paprykę i czosnek. Dodaj szafran i smaż przez 30 sekund. Dodaj startego pomidora i gotuj, aż odparuje cała woda. Zwiększ ogień i dodaj posiekaną kałamarnicę. Gotuj 2 min. Dodać ryż, smażyć przez 3 minuty i zalać solonym bulionem.

Otwórz małże w przykrytym garnku z odrobiną wody. Jak tylko otworzą, zabierz i zarezerwuj.

Rozgrzej piekarnik do 200ºC i piecz przez około 18 minut lub do momentu, aż ryż będzie suchy. Dodaj krewetki w ostatniej chwili. Wyjąć z piekarnika i rozsmarować na małżach. Przykryć ściereczką i odstawić na 4 minuty.

SZTUCZKA

Dodając sól do suchego bulionu ryżowego, zawsze dodawaj trochę więcej soli niż zwykle.

WARZYWNA LASAGNA ZE ŚWIEŻYM SEREM I KMINKIEM

SKŁADNIKI

3 duże marchewki

2 duże cebule

1 duża czerwona papryka

1 duży bakłażan

1 duża cukinia

1 opakowanie sera Philadelphia

Startego sera

kminek w proszku

lazania

Beszamel

PRZETWARZANIE

Pokrój warzywa na małe kawałki i usmaż je w następującej kolejności: marchew, cebula, papryka, bakłażan i cukinia. Pozostaw 3 minuty różnicy między każdym z nich. Po podsmażeniu dodać ser i kminek do smaku. Rezerwa.

Ugotować lasagne zgodnie z instrukcją producenta, aw międzyczasie przygotować sos beszamelowy (patrz paragraf „Rosy i sosy").

Na patelni nadającej się do piekarnika ułóż warstwę beszamelu, kolejną warstwę lasagne, a następnie warzywa. Powtórz tę czynność 3 razy, kończąc na warstwie beszamelu i startego sera. Pieczemy w temperaturze 190ºC, aż ser nabierze złotego koloru.

SZTUCZKA

Istnieje szeroki wybór świeżych serów do smarowania. Można to zrobić z koźlęciem, z aromatycznymi ziołami, łososiem itp.

MAKARON Z JOGURTEM I SOSEM Z TUŃCZYKA

SKŁADNIKI

400 g makaronu

50 g parmezanu

2 łyżki twarogu

1 łyżka oregano

2 puszki tuńczyka w oleju

3 jogurty

Sól i pieprz

PRZETWARZANIE

W szklance blendera zmiksuj nieodsączonego tuńczyka, ser, jogurt, oregano, parmezan, sól i pieprz. Rezerwa.

Makaron ugotować w dużej ilości osolonej wody i odcedzić nie pozwalając mu ostygnąć. Gdy makaron jest jeszcze ciepły, wymieszaj z sosem i podawaj.

SZTUCZKA

Możesz użyć tego sosu do przygotowania dobrej sałatki z makaronem na zimno bez konieczności dodawania majonezu.

ZIEMNIACZANE GNOCCHI Z ZIOŁOWYM SEREM I SOSEM PISTACJOWYM

SKŁADNIKI

1 kg ziemniaków

250 g mąki

150 g śmietany

100 g niebieskiego sera

30 g pistacji łuskanych

1 kieliszek białego wina

1 jajko

Gałka muszkatołowa

Sól i pieprz

PRZETWARZANIE

Umyj ziemniaki i gotuj je ze skórką i solą przez 1 godzinę. Odcedź je i pozwól im ostygnąć, aby móc je obrać. Przepuść je przez młynek do warzyw, dodaj jajko, sól, pieprz, gałkę muszkatołową i mąkę. Zagniataj, aż przyklei się do dłoni. Odstawić na 10 min. Następnie podzielić ciasto na kulki (pierogi).

Ugotuj niebieski ser w winie i mieszaj, aż wino prawie całkowicie się zredukuje. Dodaj śmietanę i gotuj przez 5 min. Doprawiamy solą i pieprzem i dodajemy pistacje.

Gnocchi ugotować w dużej ilości wrzątku, odcedzić i polać sosem.

SZTUCZKA

Knedle są gotowe, gdy zaczną wypływać.

MAKARON CARBONARA Z ŁOSOSIA

SKŁADNIKI

400 gramów spaghetti

300 g łososia

60 g parmezanu

200 ml płynnej śmietany

1 mała cebula

2 jajka

Oliwa z oliwek

Sól i mielony czarny pieprz

PRZETWARZANIE

Spaghetti ugotować w dużej ilości osolonej wody. W międzyczasie zetrzyj ser i pokrój łososia na małe kawałki.

Podsmaż cebulę na odrobinie oleju i dodaj łososia i śmietanę. Gotuj, aż łosoś się ugotuje i dopraw solą i pieprzem. Po zdjęciu z ognia dodaj jajka i starty parmezan.

Świeżo upieczone spaghetti podawaj razem z carbonarą.

SZTUCZKA

Jeśli do tego sosu dodasz trochę bekonu, będzie on idealnym nadzieniem do niektórych pieczonych bakłażanów.

Kluseczki Z Borowikami

SKŁADNIKI

400 g makaronu

300 g oczyszczonych borowików

200 g płynnej śmietany

1 ząbek czosnku

1 kieliszek brandy

sól

PRZETWARZANIE

Tagliatelle ugotować w dużej ilości osolonej wody. Przefiltrować i ostudzić.

Zrumienić drobno posiekany ząbek czosnku i dodać pokrojone pieczarki. Gotować na dużym ogniu przez 3 min. Dodaj brandy i zredukuj, aż będzie prawie sucha.

Dodaj śmietanę i gotuj przez kolejne 5 minut. Ułożyć makaron i sos.

SZTUCZKA

Jeśli to nie sezon na borowiki, odwodnione grzyby są świetną opcją.

GRILL Z PIZZĄ

SKŁADNIKI

Dla masy

250 g mocnej mąki

125 g ciepłej wody

15 g świeżo wyciśniętych drożdży

Oliwa z oliwek

sól

Sos barbecue

1 szklanka smażonego pomidora

1 szklanka ketchupu

½ szklanki octu

1 łyżeczka oregano

1 łyżeczka tymianku

1 łyżeczka kminku

1 ząbek czosnku

1 puszka Coca-Coli

1 zmiażdżony pieprz cayenne

½ cebuli

Oliwa z oliwek

Sól i pieprz

Inne składniki

mielona wołowina (do smaku)

Mielona pierś z kurczaka (opcjonalnie)

posiekany boczek (do smaku)

Asortowany tarty ser

PRZETWARZANIE

Dla masy

Do miski wsypać mąkę ze szczyptą soli i zrobić wulkan. Dodaj łyżkę oleju, wodę, pokruszone drożdże i wyrabiaj przez 10 minut. Przykryć ściereczką lub folią spożywczą i odstawić na 30 min.

Gdy ciasto podwoi swoją początkową objętość, posyp mąką blat i rozwałkuj, nadając mu okrągły kształt.

Sos barbecue

Cebulę i czosnek pokroić w drobną kostkę i ugotować. Dodaj smażonego pomidora, ketchup, ocet i gotuj przez 3 min. Dodaj pieprz cayenne, oregano, tymianek i kminek. Wymieszaj i zalej puszkę Coca-Coli. Gotuj, aż uzyskasz gęstą konsystencję.

Skończyć

Mięso, kurczaka i boczek podsmażyć na patelni.

Blachę wykładamy papierem do pieczenia i układamy na niej rozwałkowane ciasto. Nałożyć warstwę sosu barbecue, kolejną warstwę sera, kolejną warstwę mięsa, kolejną warstwę sera i zakończyć warstwą sosu

Rozgrzej piekarnik do 200°C i piecz pizzę przez około 15 minut.

SZTUCZKA

Nie kładź zbyt dużo nadzienia na wierzchu, ponieważ uniemożliwi to dobre upieczenie ciasta i wyjdzie niedopieczone.

RISOTTO Z BIAŁEJ KIEŁBASY Z CZERWONYM WINEM I RUKOLIĄ

SKŁADNIKI

240 g ryżu drzewnego (70 g na osobę)

150 g parmezanu

100 g świeżej rukoli

600 ml bulionu wołowego lub drobiowego

2 niemieckie białe kiełbaski

2 łyżki masła

1 cebula

1 ząbek czosnku

1 kieliszek czerwonego białego wina

Oliwa z oliwek

sól

PRZETWARZANIE

Obierz i pokrój cebulę i ząbek czosnku na małe kawałki. Smaż na 1 łyżce masła przez 10 minut na małym ogniu. Dodać ryż i gotować jeszcze 1 minutę. Dodaj wino i pozwól mu całkowicie odparować.

Dodaj wrzący bulion i dopraw solą (powinien wystawać 1 palec nad ryż). Ciągle mieszaj i dodawaj więcej bulionu w miarę jego zużywania.

Kiełbaski kroimy w plastry i podsmażamy na patelni. Gdy ryż jest prawie gotowy i trochę bulionu, dodaj podsmażone kiełbaski.

Dodać parmezan, drugą łyżkę masła i wymieszać. Pozostaw na 5 minut, aby odpoczęło. Umieść rukolę na wierzchu tuż przed podaniem.

SZTUCZKA

Najlepszy ryż do tego preparatu to arborio lub carnaroli.

MAKARON Z KREWETKAMI, WARZYWAMI I WSTĘPKAMI SOJOWYMI

SKŁADNIKI

400 g makaronu

150 g obranych krewetek

5 łyżek sosu sojowego

2 marchewki

1 cukinia

1 por

Oliwa z oliwek

sól

PRZETWARZANIE

Tagliatelle ugotować w dużej ilości osolonej wody. Przefiltrować i ostudzić.

W międzyczasie oczyść i pokrój pora w cienkie, podłużne słupki. Obieraczką do ziemniaków pokrój cukinię i marchewkę.

Smaż warzywa na rozgrzanej patelni z odrobiną oleju przez 2 minuty. Dodaj krewetki i smaż kolejne 30 sekund. Dodaj soję i makaron i gotuj kolejne 2 minuty.

SZTUCZKA

Do sosu nie trzeba dodawać soli, ponieważ soja ma już jej dużo.

ROSSEJAT TAGLIETTA Z MĄTĄ I KREWETKAMI

SKŁADNIKI

1 kg mątwy

400 g cienkiego makaronu

1 litr bulionu rybnego

16 obranych krewetek

3 ząbki czosnku

1 łyżka papryki

¼ litra oliwy z oliwek

PRZETWARZANIE

Pokrój mątwy na kawałki i zrumień je razem z czosnkiem na patelni do paelli. Rezerwa.

Dobrze usmażyć tagliatelle z dużą ilością oleju. Kiedy będą złote, odcedź je i osusz.

Dodaj makaron na patelnię do paelli, dodaj paprykę i smaż przez 5 sekund. Mokre od dymu dodać przesmażony czosnek i mątwy.

Kiedy tagliatelle jest już prawie ugotowane, dodaj krewetki. Odstaw na 3-4 minuty i podawaj gorące.

SZTUCZKA

Najbardziej typową rzeczą jest podawanie temu daniu sosu alioli.

MAKARON Z POLĘDWICĄ Z CABRALES

SKŁADNIKI

250 g makaronu

200 g sera Cabrales

125 ml białego wina

¾ litra śmietany

4 steki z polędwicy

Oliwa z oliwek

Sól i pieprz

PRZETWARZANIE

Polędwicę pokroić w cienkie paski. Dodaj sól i zrumień na gorącej patelni. Rezerwa.

Zdeglasować wino serem. Ciągle mieszając dodać śmietanę i gotować 10 minut na małym ogniu. Dodaj polędwicę i gotuj kolejne 3 minuty.

Makaron ugotować w dużej ilości wrzącej, osolonej wody. Filtruj, ale nie schładzaj. Dodać makaron do sosu i mieszać przez 1 min.

SZTUCZKA

Makaron najlepiej gotować na ostatnią chwilę, dzięki temu sosy lepiej się do niego przywierają.

GULASZ GÓRSKI

SKŁADNIKI

200 g białej fasoli

200 g kotleta wieprzowego

150 g świeżego boczku

100 g świeżego chorizo

1 łyżka papryki

2 ziemniaki

1 ucho wieprzowe

1 kość piszczelowa

1 kłusak wieprzowy

1 kaszanka

1 rzepa

1 kapusta

sól

PRZETWARZANIE

Zostaw fasolę do namoczenia na 12 godzin.

Gotuj całe mięso i paprykę wraz z fasolą na małym ogniu w zimnej wodzie przez 3 godziny lub do miękkości. Wyjąć mięso, ponieważ jest miękkie.

Gdy fasola będzie już prawie ugotowana, dodaj rzepę i ziemniaki pokrojone na średnie kawałki i gotuj przez 10 min.

Osobno ugotować kapustę pokrojoną w paski julienne do miękkości. Dodaj do gulaszu i gotuj przez kolejne 5 minut. Sezon z solą.

SZTUCZKA

Posiekaj i podawaj mięso w misce i zaprezentuj gulasz w misce.

FASOLA Z TULUZY

SKŁADNIKI

500 g fasoli Tuluza

125 g boczku

3 ząbki czosnku

1 zielona papryka

1 cebula

1 kiełbasa

1 kaszanka

Oliwa z oliwek

sól

PRZETWARZANIE

Fasolę moczyć przez 10 godzin.

Fasolę zalać zimną wodą z boczkiem, chorizo i kaszanką. Smażyć razem z ½ cebuli i odrobiną oleju. Gotować około 2 h na bardzo małym ogniu.

Drobno posiekaj paprykę z resztą cebuli i czosnku. Gotuj przez 10 minut i dodaj je do fasoli. Doprawiamy solą i gotujemy jeszcze 3 minuty.

SZTUCZKA

Jeśli gulasz wyschnie podczas gotowania, dodaj zimną wodę.

COTTO Z DOLINY LIÉBANY

SKŁADNIKI

300 g ciecierzycy

500 g morcilli

250 g suchego mięsa

175 g boczku marmurkowego

3 ziemniaki

3 kiełbaski

½ kapusty

1 kość biodrowa

1 kość kolanowa

sól

PRZETWARZANIE

Ciecierzycę namoczyć w gorącej wodzie na 12 godzin.

Umieść wołowinę w dużym garnku i gotuj na małym ogniu przez 1 godzinę. Dodaj ciecierzycę i gotuj kolejne 2 godziny lub do momentu, aż warzywa będą prawie miękkie.

Następnie dodać kapustę pokrojoną w julienne i średniej wielkości ziemniaki. Włóż szczyptę soli.

Wszystkie mięsa porcjować i podawać z resztą gulaszu lub osobno.

SZTUCZKA

Użyj małej ciecierzycy, takiej jak lebaniegos lub pedrosillanos. Jeśli dodasz także ucho lub ryjek świni, gulasz będzie bardziej tłusty.

Wdowa Fasola

SKŁADNIKI

400 g fasoli

1 mała cebula

1 mały por

2 ząbki czosnku

1 marchewka

1 liść laurowy

sól

PRZETWARZANIE

Fasolę namoczyć dzień wcześniej.

W garnku umieścić rośliny strączkowe razem z cebulą, porem, czosnkiem, marchewką i liściem laurowym. Zalej zimną wodą i gotuj przez 3 godziny, aż fasola będzie miękka.

Po upływie tego czasu usuń wszystkie warzywa, zmiel i ponownie dodaj do fasoli. Włóż szczyptę soli.

SZTUCZKA

Aby gulasz był nieco gęstszy, zmiksuj 1 łyżkę fasoli razem z warzywami i gotuj jeszcze 5 minut.

GULASZ MADRYT

SKŁADNIKI

300 g ciecierzycy

500 g kości cielęcych (kolano)

500 g obranych ziemniaków

500 g morcilli

150 gramów kiełbasy

150 g boczku (boczek)

¼ kości szynki

1 mała kura

1 kapusta

2 ząbki czosnku

Papryka

Makaron

PRZETWARZANIE

Ciecierzycę namoczyć w ciepłej wodzie na 12 godzin.

Umieść kości i mięso w garnku z zimną wodą. Przy pierwszym zagotowaniu dobrze odsączyć.

Gdy woda już się zagotuje, dodaj ciecierzycę. Gotuj do miękkości. Wyjąć z piekarnika i gotować bulion, aż mięso będzie miękkie. Wyjmij je takimi jakie są.

Z boku ugotować pokrojoną w paski kapustę i ziemniaczane cachelady.

Następnie zrumienić kapustę z ząbkami czosnku i papryką. Podawaj bulion z makaronem z jednej strony; a na drugiej porcje mięsa, kapusty i ziemniaków.

SZTUCZKA

Na ostatnie kilka minut dodaj do bulionu kilka listków mięty.

ESCUDELLA

SKŁADNIKI

1 kg ciecierzycy

250 g białej kiełbasy

250 g czarnej kiełbasy

75 g chudej mielonej wołowiny

75 g chudej mielonej wieprzowiny

2 kości szynki

2 kości kolanowe wołowe

2 udka z kurczaka

2 kłusaki wieprzowe

½ kury

4 średnie marchewki

2 duże ziemniaki

1 duży por

1 łodyga selera

1 ząbek czosnku

½ kapusty

1 łyżka bułki tartej

1 jajko

Lojalność

Mąka

Sól i pieprz

PRZETWARZANIE

Odstaw ciecierzycę do namoczenia w gorącej wodzie na 12 godzin.

Zagotuj wodę. Dodać oczyszczony por i kapustę, obrane marchewki, ziemniaki i seler, kurę, niedopałki z kurczaka, kości i nóżki wieprzowe. Dobrze odsączyć i dodać ciecierzycę umieszczoną w siatce. Gotować 3 godziny (dolać gorącej wody, jeśli za bardzo odparuje).

Mięso mielone wymieszać z bułką tartą, jajkiem, drobno posiekanym czosnkiem, solą i pieprzem. Zrób klopsiki z tej mieszanki.

Odcedzamy bulion, odstawiamy ¼ l i w reszcie gotujemy posypane mąką klopsiki i kiełbaski przez 45 min.

W zarezerwowanym bulionie ugotować 4 garści makaronu. Przejrzyj i popraw punkt solny. Podawać osobno.

SZTUCZKA

Oryginalne ciasto do tego przepisu nazywa się galetami.

FABADA

SKŁADNIKI

500 g fasoli

100 g szynki

100 g boczku

2 kiełbaski z Asturii

2 Asturyjska kaszanka

2 ząbki czosnku

1 cebula

sól

PRZETWARZANIE

Fasolę dzień wcześniej namoczyć w zimnej wodzie. Dzień wcześniej namoczyć mięso w ciepłej wodzie.

Do rondelka wlej tę samą wodę, w której się moczyła i dodaj wszystkie składniki, łącznie z cebulą i czosnkiem.

Podczas łamania do gotowania, środek przeciwpieniący. Przestraszyć 3 razy podczas gotowania.

Gotuj, aż fasola będzie miękka. Sezon z solą.

SZTUCZKA

Jeśli zostaną jakieś resztki fasoli, możesz zrobić gulasz z fasoli i rosołu. Dodaj drobno posiekane mięso podsmażone z czosnkiem na wierzchu.

HUMMUS Z CIECIERZYCY

SKŁADNIKI

600 g ugotowanej ciecierzycy

2 łyżki oleju sezamowego

1 łyżka mielonego kminku

2 ząbki czosnku

sok z jednej cytryny

Papryka

15 cl oliwy z oliwek

Sól i pieprz

PRZETWARZANIE

W szklance blendera posiekać ciecierzycę, kminek, czosnek bez środkowego zarodka, olej sezamowy i sok z cytryny. Powoli dodawać oliwę z oliwek.

Dopraw solą i pieprzem. Podawaj i dodaj szczyptę papryki na wierzchu.

SZTUCZKA

Możesz zrobić ten sam przepis, ale z białą fasolą. Rezultat jest pyszny.

SOCZEWICA Z MĄTĄ I MAŁŻAMI

SKŁADNIKI

200 g soczewicy

1 mała mątwa

16 małży

2 pomidory

1 marchewka

1 cebula

½ czerwonej papryki

½ zielonego pieprzu

1 łyżka papryki

1 liść laurowy

sól

PRZETWARZANIE

Ugotuj soczewicę w wodzie z wszystkimi oczyszczonymi warzywami, papryką, liściem laurowym i odrobiną oleju.

Po 30 minutach wyjąć warzywa i zmiksować. Dodać z powrotem do soczewicy. Kontynuuj gotowanie, aż warzywa będą miękkie.

Doprawić solą i dodać oczyszczone wcześniej małże oraz pokrojoną na kawałki mątwę. Gotuj jeszcze 2 minuty i podawaj gorące.

SZTUCZKA

Płukanie oznacza zanurzenie małży w zimnej, obficie osolonej wodzie na 2 godziny, aby usunąć cały brud.

FABE Z MAŁŻAMI

SKŁADNIKI

400 g fasoli

500 g małży

½ szklanki białego wina

2 ząbki czosnku

1 mała zielona papryka

1 mały pomidor

1 cebula

1 por

posiekana świeża pietruszka

Oliwa z oliwek

PRZETWARZANIE

Fasolę namoczyć dzień wcześniej w zimnej wodzie.

W rondlu umieścić fasolę, paprykę, ½ cebuli, obranego pora, 1 ząbek czosnku i pomidora. Zalać zimną wodą i gotować przez 3 godziny lub do momentu, aż boczek będzie miękki.

Oddzielnie zrumienić drugą ½ cebuli i pozostały czosnek pokrojony na bardzo małe kawałki. Dodać małże i zalać winem. Niech się trochę zmniejszy.

Dodaj małże do fasoli i gotuj przez kolejne 2 minuty. Posypać pietruszką.

SZTUCZKA

Rozpocznij gotowanie 3 razy, aby fasola była bardziej miękka.

FASOLA KATALOŃSKA

SKŁADNIKI

300 g świeżego bobu

50 gramów białej kiełbasy

50 g czarnej kiełbasy

50 g boczku

250 g bulionu z kurczaka

½ szklanki białego wina

1 łyżka pietruszki

4 ząbki czosnku

2 pomidory

1 cebula dymka

Oliwa z oliwek

sól

PRZETWARZANIE

Gotuj zieloną fasolkę w dużej ilości wrzącej, osolonej wody przez 12 minut. Odcedź, ostudź i zachowaj.

Kiełbaski kroimy w plastry, a boczek w słupki.

Na wrzącym oleju i boczku podsmażyć kiełbaski w kilku etapach, uważając, aby się nie rozpadły. Wycofać.

Na tym samym oleju na małym ogniu zeszklić cebulę i pokrojone w kostkę ząbki czosnku. Dodaj starte pomidorki koktajlowe i gotuj, aż stracą całą wodę.

Dodać fasolę i zalać winem. Pozostaw do zredukowania do maksimum i wlej bulion z kurczaka. Dodaj wołowinę i gotuj przez kolejne 6 minut, aż sos się zredukuje. Doprawiamy solą i posypujemy posiekaną natką pietruszki.

SZTUCZKA

Natkę pietruszki można zastąpić 4 drobno posiekanymi listkami mięty.

FASOLA Z RYŻEM

SKŁADNIKI

400 g fasoli borlotti

150 g ryżu

4 ząbki czosnku

2 ziemniaki

1 zielona papryka

1 cebula

1 marchewka

1 liść laurowy

Papryka

sól

PRZETWARZANIE

Zostaw fasolę w wodzie na 12 godzin.

Fasolę ugotować na małym ogniu razem z czosnkiem, marchewką, liściem laurowym, pieprzem, cebulą, ziemniakami i odrobiną papryki. Gotuj, aż fasola będzie prawie gotowa.

Dodać ryż, doprawić solą i dalej gotować na średnim ogniu, aż ryż się ugotuje.

SZTUCZKA

Usuń wszystkie warzywa, rozgnieć je i dodaj z powrotem do fasoli. Doda smaku gulaszowi i zagęści bulion.

FASOLKA Z BYKA

SKŁADNIKI

400 g fasoli

1 ogon ogonowy

1 litr bulionu mięsnego

½ litra czerwonego wina

2 łyżki sosu pomidorowego

1 łyżka papryki

2 łodygi selera

1 gałązka tymianku

1 gałązka rozmarynu

4 marchewki

2 cebule

1 średnia włoska zielona papryka

Oliwa z oliwek

Sól i pieprz

PRZETWARZANIE

Zostaw fasolę w wodzie na 24 godziny.

Fasolę włożyć do garnka razem z marchewką, selerem, cebulą, pieprzem i papryką. Zalać zimną wodą, ugotować i odcedzić. Gotować około 3 godzin na małym ogniu.

Osobno zrumienić ogon solą i pieprzem. Usuń i zarezerwuj.

Na tym samym oleju podsmaż pokrojone warzywa. Sól. Dodać pomidora i zwilżyć winem. Gotować na dużym ogniu i zredukować o połowę. Dodaj ogon, bulion i aromatyczne zioła. Gotuj na wolnym ogniu przez około 4 godziny lub do momentu, aż mięso będzie bardzo łatwo odchodzić od kości. Sezon z solą.

Usuń fasolę z bulionu i dodaj ją do zapiekanki z ogona ogonowego. Zagotować i podawać.

SZTUCZKA

Z wody z gotowania fasoli można zrobić wspaniałą zupę lub użyć jej do przygotowania ryżu.

SOCZEWICA Z KŁOSEM I LAKONEM

SKŁADNIKI

300 g soczewicy

200 g oczyszczonego ucha wieprzowego

200 g szynki

2 liście laurowe

2 kiełbaski

2 cebule

1 zielona papryka

1 czerwona papryka

1 marchewka

1 łyżka papryki

1 pomidor

sól

PRZETWARZANIE

Ucho włożyć do wrzątku razem z 1 cebulą, 1 liściem laurowym i solą i gotować 75 min.

Osobno ugotować soczewicę w zimnej wodzie razem z warzywami, papryką, łopatką wieprzową, chorizo i drugim liściem laurowym. Po 30 minutach wyjąć mięso, porcjować i odstawić. Wyjmij również warzywa, rozgnieć i dodaj z powrotem do gulaszu. Kontynuuj gotowanie, aż warzywa będą miękkie.

Ponownie dodaj ucho i porcjowane mięso i kontynuuj gotowanie przez kolejne 2 minuty. Włóż szczyptę soli.

SZTUCZKA

Ważne jest, aby warzywa wyszły jako ostatnie. W przeciwnym razie osiadłyby na mieliźnie; co oznacza, że byliby twardzi i zrzucili skórę.

JEANSY Z RZEŹBĄ

SKŁADNIKI

350 g białej fasoli

150 g cebuli

30 g boczku

30 g boczku

30 g szynki

30 gramów kiełbasy

1 zielona papryka

1 ząbek czosnku

1 pomidor

1 por

sól

PRZETWARZANIE

Zostaw fasolę w wodzie na 12 godzin.

Umieść wszystkie składniki w rondlu i zalej zimną wodą. Piec przez 3 godziny lub do momentu, aż fasola będzie miękka.

Wyjmij warzywa, rozgnieć je i dodaj z powrotem do fasoli. Gotuj kolejne 5 minut i dostosuj sól.

SZTUCZKA

Gdy warzywa się ugotują, zawsze dodawaj sól na sam koniec. Zapobiega to zrzucaniu skórki i twardnieniu.

SZTUCZKA

Chociaż jest to jedna z suszonych roślin strączkowych, której gotowanie zajmuje mniej czasu, można ją moczyć w zimnej wodzie przez 8 godzin. W ten sposób ugotują się jako pierwsze.

CZEKOLADOWY KRÓLIK Z Prażonymi Migdałami

SKŁADNIKI

1 królik

60 g startej gorzkiej czekolady

1 kieliszek czerwonego wina

1 gałązka tymianku

1 gałązka rozmarynu

1 liść laurowy

2 marchewki

2 ząbki czosnku

1 cebula

Rosół z kurczaka (lub woda)

Opiekane migdały

Oliwa z oliwek z pierwszego tłoczenia

Sól i pieprz

PRZETWARZANIE

Posiekać, przyprawić i zrumienić królika na bardzo gorącej patelni. Usuń i zarezerwuj.

Na tym samym oleju podsmażyć na małym ogniu cebulę, marchewkę i ząbki czosnku pokrojone w małe kawałki.

Dodaj liść laurowy oraz gałązki tymianku i rozmarynu. Dodaj wino i bulion i gotuj na małym ogniu przez 40 min. Dopraw solą i wyjmij królika.

Zmiksuj sos blenderem i wlej z powrotem do garnka. Dodaj królika i czekoladę i mieszaj, aż się rozpuści. Gotuj jeszcze 5 minut, aby smaki się połączyły.

SZTUCZKA

Posyp uprażonymi migdałami na wierzchu. Dodatek pieprzu cayenne lub papryczki chilli nadaje mu pikantnego charakteru.

CRIADILLA Z JAGNIĘCINY PANIEROWANA W ZIOŁACH

SKŁADNIKI

12 sztuk criadilli jagnięcych

1 łyżeczka świeżego rozmarynu

1 łyżeczka świeżego tymianku

1 łyżeczka świeżej pietruszki

Mąka, jajko i bułka tarta (do panierowania)

Oliwa z oliwek

Sól i pieprz

PRZETWARZANIE

Oczyść criadille, usuwając dwie otaczające je membrany. Dobrze umyć wodą i odrobiną octu, następnie odsączyć i osuszyć.

Pokroić i przyprawić criadille. Wymieszaj trochę bułki tartej z drobno posiekanymi świeżymi ziołami. Przepuścić przez mąkę, jajko i bułkę tartą i smażyć na dużej ilości gorącego oleju.

SZTUCZKA

Bardziej zabawne i kreatywne ciasto można zrobić, zastępując pokruszone krakersy bułką tartą.

eskalopka mediolańska

SKŁADNIKI

4 filety cielęce

150 g bułki tartej

100 g parmezanu

2 jajka

Mąka

Oliwa z oliwek

Sól i pieprz

PRZETWARZANIE

Filety oprószamy i obtaczamy w roztrzepanym jajku oraz mieszance chleba i startego parmezanu.

Dobrze dociśnij, aby bułka tarta dobrze przylegała i smaż na dużej ilości gorącego oleju.

SZTUCZKA

Idealnym dodatkiem do tego dania jest spaghetti z sosem pomidorowym.

GULASZ MIĘSNY W LA JARDINERA

SKŁADNIKI

1 kg golonki mięsnej

100 g pieczarek

1 kieliszek czerwonego wina

3 łyżki smażonego pomidora

1 gałązka tymianku

1 gałązka rozmarynu

1 liść laurowy

2 marchewki

1 cebula

2 goździki

1 puszka grochu

bulion wołowy (lub woda)

Oliwa z oliwek

Sól i pieprz

PRZETWARZANIE

Posiekać, przyprawić i zrumienić mięso na dużym ogniu. Wyjmij i zarezerwuj.

Na tym samym oleju podsmaż cebulę i marchewkę pokrojoną w kostkę. Ponownie dodaj mięso i zdeglazuruj czerwonym winem. Niech się zredukuje i dodaj smażonego pomidora, liść laurowy, goździki i gałązki tymianku i rozmarynu.

Zalewamy bulionem i gotujemy do miękkości mięsa. Tuż przed końcem gotowania dodać groszek i pieczarki podsmażone w ćwiartkach.

SZTUCZKA

Dodanie laski cynamonu podczas gotowania nadaje gulaszowi zaskakujący akcent.

FLAMENKO

SKŁADNIKI

8 steków z szynki lub schabu

8 plastrów szynki serrano

8 plasterków sera

Mąka, jajko i bułka tarta (do panierowania)

Oliwa z oliwek

Sól i pieprz

PRZETWARZANIE

Filety posolić i osuszyć. Faszerować plasterkiem szynki i drugim serem i zawijać w siebie.

Dodać mąkę, roztrzepane jajko i bułkę tartą i usmażyć na dużej ilości gorącego oleju.

SZTUCZKA

Aby uzyskać bardziej zabawny akcent, możesz zastąpić bułkę tartą posiekanymi płatkami zbożowymi lub kiko.

CIELĘCINA FRICANDO

SKŁADNIKI

1 kg filetów wołowych

300 g pieczarek

250 cl bulionu mięsnego

125 cl brandy

3 pomidory

1 cebula

1 pęczek aromatycznych ziół (tymianek, rozmaryn, laur...)

1 marchewka

Mąka

Oliwa z oliwek

Sól i pieprz

PRZETWARZANIE

Mięso przyprawić i oprószyć mąką. Podsmaż na odrobinie oleju na średnim ogniu i wyjmij.

Marchewkę i pokrojoną w drobną kostkę cebulę podsmażyć na tym samym oleju, na którym przygotowywano filety. Gdy będą miękkie dodać starte pomidory. Gotuj dobrze, aż pomidor straci całą wodę.

Zwiększ ogień i dodaj pieczarki. Gotuj przez 2 minuty, a następnie zanurz w brandy. Niech odparuje i ponownie dodaj przegrzebki.

Zalać bulionem i dodać aromatyczne zioła. Dopraw solą i gotuj przez 30 minut na małym ogniu lub do miękkości mięsa. Odstawiamy pod przykryciem na kolejne 30 min.

SZTUCZKA

Jeśli to nie sezon na grzyby, można użyć odwodnionych. Smak jest niesamowity.

OWSIANKA Z CHORIZO I KIEŁBASĄ

SKŁADNIKI

10 świeżych kiełbas

2 kiełbaski

4 czubate łyżki mąki z pszenicy durum

1 łyżka papryki

1 wątróbka wieprzowa

1 główka czosnku

2 dl oliwy z oliwek

sól

PRZETWARZANIE

Chorizo i kiełbaski pokroić na kawałki. Smażymy na średnim ogniu z olejem. Usuń i zarezerwuj.

Na tym samym oleju podsmażyć pokrojoną w kostkę wątrobę i połowę czosnku. Odcedzić i utrzeć w moździerzu. Rezerwa.

Na tym samym oleju podsmażyć resztę pokrojonego czosnku, dodać paprykę i trochę mąki.

Mieszaj bez zatrzymywania, aż mąka przestanie być surowa. Dodaj 7 dl wody i gotuj mieszając. Dodaj zacier z moździerza, kiełbaski i chorizos. Doprawiamy solą i mieszamy.

SZTUCZKA

Dobrym dodatkiem są delikatne kiełki czosnku z grilla.

LAKON Z RZEPĄ

SKŁADNIKI

1,5 kg świeżej łopatki

1 duży pęczek zielonej rzepy

3 kiełbaski

2 duże ziemniaki

1 średnia cebula

papryka (słodka lub ostra)

Oliwa z oliwek

sól

PRZETWARZANIE

Gotuj łopatkę wieprzową przez około 2 godziny w dużej ilości osolonej wody i cebuli.

Gdy do gotowania zostało 30 minut, dodaj chorizo i grube ziemniaki z cachelady (porwane, nie pokrojone).

Oddzielnie gotuj wierzchołki rzepy we wrzącej wodzie przez 10 minut. Odcedź i zarezerwuj.

Ułóż lacón, chorizos, ziemniaki i rzepę i posyp słodką lub ostrą papryką.

SZTUCZKA

Wygodne jest gotowanie rzepy osobno, ponieważ woda z gotowania jest gorzka.

WĄTRÓBKA CIELĘCA W SOSIE Z CZERWONEGO WINA

SKŁADNIKI

750 g filetów z wątroby wołowej

100 g mąki

75 g masła

1 litr bulionu mięsnego

400 ml czerwonego wina

2 duże cebule

Oliwa z oliwek

Sól i pieprz

PRZETWARZANIE

Gotuj wino, aż zmniejszy swoją objętość o połowę.

W międzyczasie w rondlu umieść 1 łyżkę masła i 1 łyżkę mąki. Gotować na małym ogniu, aż mąka lekko się zarumieni. Zalać winem i bulionem nie przestając mieszać. Gotuj 15 minut, dopraw solą i pieprzem.

Doprawić i oprószyć wątrobę. Smażymy na odrobinie oleju z obu stron. Usuń i zarezerwuj.

Na tym samym oleju smażymy drobno pokrojoną cebulę przez 25 minut. Dodaj wątrobę i sos. Podgrzać (nie gotować) i podawać gorące.

SZTUCZKA

Czerwone wino można zastąpić winem białym, lambrusco, cava, winem słodkim itp.

Zając duszony

SKŁADNIKI

1 zając

1 litr bulionu mięsnego

½ litra czerwonego wina

1 gałązka rozmarynu

1 gałązka tymianku

4 ząbki czosnku

2 pomidory

1 duża cebula

1 marchewka

1 por

Oliwa z oliwek

Sól i pieprz

PRZETWARZANIE

Posiekać, przyprawić i zrumienić zająca. Usuń i zarezerwuj.

Czosnek, cebulę, marchewkę i por kroimy w drobną kostkę i smażymy przez 20 minut w tym samym oleju, w którym smażono zająca.

Dodaj starte pomidorki koktajlowe i gotuj, aż stracą całą wodę. Odłóż zająca z powrotem.

Wlać wino i bulion, dodać aromatyczne zioła i gotować na małym ogniu przez około 1 godzinę lub do miękkości zająca.

SZTUCZKA

Zając pokrojony na kawałki można macerować przez 24 godziny w winie i bulionie razem z aromatycznymi ziołami i pokrojonymi w drobną kostkę warzywami. Następnego dnia odsączyć zająca, zachowując płyny i warzywa, i ugotować zgodnie z wcześniejszymi krokami.

POLĘDWICA WIEPRZOWA Z BRZOSKWINIĄ

SKŁADNIKI

1 kg całego schabu wieprzowego

1 szklanka bulionu mięsnego

1 saszetka odwodnionej zupy cebulowej

1 słoik brzoskwiń w syropie

Oliwa z oliwek

Sól i pieprz

PRZETWARZANIE

Mięso przyprawić i zrumienić na patelni ze wszystkich stron.

Dodać brzoskwinię bez syropu i bulion. Gotuj na bardzo małym ogniu przez 1 godzinę lub do momentu, aż brzoskwinia będzie prawie skarmelizowana. W tym czasie dodaj torebkę zupy cebulowej i gotuj jeszcze 5 minut.

Wyjąć polędwicę i zmiksować sos. Ułożyć polędwicę i sos.

SZTUCZKA

To samo można zrobić z ananasem w syropie, a także z polędwicą wieprzową, ale skracając czas gotowania o połowę.

CHUDNY SOS

SKŁADNIKI

1 kg chudej wieprzowiny

1 puszka przecieru pomidorowego 800 g

1 gałązka świeżego tymianku

1 duża cebula

2 ząbki czosnku

Brandy

cukier

Oliwa z oliwek

Sól i pieprz

PRZETWARZANIE

Dodać sól i zrumienić chude mięso na dużym ogniu. Wyjmij mięso i odłóż na bok.

Na tym samym oleju podsmaż cebulę i czosnek pokrojone w brunoise. Dodaj ponownie chude i skrop odrobiną brandy.

Dusić przez 2 minuty, dodać puszkę pomidorów, gałązkę tymianku i gotować na małym ogniu, aż chude mięso będzie miękkie.

Zrektyfikuj sól i cukier i gotuj kolejne 5 minut.

SZTUCZKA

Możesz również podsmażyć kilka dobrych grzybów i dodać je do gulaszu.

DUSZONE GAŁKI WIEPRZOWE

SKŁADNIKI

4 kłusaki świńskie

100 g szynki serrano

1 kieliszek białego wina

1 łyżeczka mąki

1 łyżka papryki

4 ząbki czosnku

2 pomidory

2 cebule

1 liść laurowy

1 marchewka

1 cayenne

Oliwa z oliwek

sól i 10 ziaren pieprzu

PRZETWARZANIE

Gotuj zamponi w zimnej wodzie przez 1 minutę, gdy tylko zaczną się gotować. Zmień wodę i powtórz tę czynność 3 razy. Następnie gotuj je z 1 cebulą, marchewką, 2 ząbkami czosnku, liściem laurowym, ziarnami pieprzu i solą przez 2 1/2 h, aż mięso będzie łatwo odchodzić od kości. Zachowaj bulion.

Drobno posiekaj drugą cebulę i resztę czosnku. Smażyć około 10 minut razem z pokrojoną w kostkę szynką i pieprzem cayenne. Dodaj mąkę i paprykę. Smaż przez 10 sekund i dodaj starte pomidorki koktajlowe. Gotuj, aż straci całą wodę. Wlewamy wino i gotujemy na dużym ogniu, aż zgęstnieje, a sos będzie prawie suchy. Usuwać. Zwilż 200 ml bulionu z zamponi i mieszaj, aby się nie posklejał. Gotuj na małym ogniu przez 10 minut i dopraw solą. Zamponi obrać z kości, włożyć do sosu i gotować jeszcze 2 minuty.

SZTUCZKA

Stopy można nadziewać czym tylko się chce. Wszystko, co musisz zrobić, to zawinąć je w folię spożywczą i pozostawić do ostygnięcia. Potem wystarczy pokroić je w grube plastry, oprószyć mąką, usmażyć i ugotować w sosie.

BUŁKA TARTA

SKŁADNIKI

1 kawałek czerstwego chleba

200 gramów kiełbasy

200 g szynki

4 włoskie zielone papryki

1 główka czosnku

PRZETWARZANIE

Bochenek pokroić w kostkę i nawodnić wodą (nie należy go moczyć).

Podsmaż zmiażdżony nieobrany czosnek na dużej patelni i odłóż na bok. Chorizo i szynkę kroimy i również smażymy na tej samej patelni. Usuń i zarezerwuj.

Chleb smażymy na tym samym oleju, w którym smażono chorizo przez 30 minut na małym ogniu. Mieszaj, aż chleb będzie kruchy, ale nie suchy. Dodać pozostałe składniki i ponownie zmiksować tak, aby okruchy wymieszały się z chorizo i szynką.

SZTUCZKA

Migasom mogą towarzyszyć sardynki, winogrona, jajka sadzone itp.

POLĘDWICA NADZIEWANA

SKŁADNIKI

800 g otwartej polędwicy wieprzowej

200 g plastry szynki serrano

175 g pokrojonego boczku

90 g mieszanych orzechów

75 g smalcu

750 ml bulionu mięsnego

150 ml białego wina

1 czubata łyżka skrobi kukurydzianej

4 jajka

Sól i pieprz

PRZETWARZANIE

Doprawić i posmarować polędwicę roztrzepanym jajkiem. Wypełnij plastrami szynki, boczkiem, orzechami włoskimi i 3 jajkami na twardo pokrojonymi w ćwiartki.

Zamknąć siatką mięsną i posmarować smalcem. Smażymy z każdej strony na gorącej patelni. Przełożyć na blachę i piec w temperaturze 180ºC przez 30 min. Podlewać bulionem co 5 minut.

Odstaw mięso z patelni na 5 min.

Zbierz soki z patelni, dodaj wino i ponownie podgrzej wszystko w rondlu. Doprowadzić do wrzenia i dodać mąkę kukurydzianą rozpuszczoną w odrobinie zimnej wody. Dopraw solą i pieprzem.

Polędwicę filetujemy i polewamy sosem.

SZTUCZKA

Odpoczynek mięsa jest niezbędny, ponieważ pomaga zachować soki i ujednolicić smaki.

CIELĘCINA CARBONARA

SKŁADNIKI

8 filetów cielęcych

500 g cebuli

100 g masła

½ litra bulionu wołowego

1 butelka piwa

1 liść laurowy

1 gałązka tymianku

1 gałązka rozmarynu

Mąka

Oliwa z oliwek

Sól i pieprz

PRZETWARZANIE

Filety przyprawić i oprószyć mąką. Obsmaż je lekko z obu stron na maśle. Usuń i zarezerwuj.

Na tym maśle podsmaż cebulę pokrojoną w cienkie paski julienne. Przykryj patelnię i gotuj na małym ogniu przez 30 min.

Dodaj steki i piwo. Gotuj na średnim ogniu, aż sos będzie prawie suchy.

Zwilżyć bulionem mięsnym i dodać aromatyczne zioła. Gotować na małym ogniu, aż mięso będzie miękkie. Doprawiamy solą i odstawiamy na 20 minut z ognia pod przykryciem.

SZTUCZKA

Jeśli mięso jest rozgotowane, będzie twarde i będzie wymagało dłuższego gotowania, aż znów zmięknie. Najlepiej sprawdzać jego twardość co 5-10 minut.

CHLEB JAGNIĘCY Z borowikami

SKŁADNIKI

500 g cukierków jagnięcych

250 g borowików

1 kieliszek wina sherry

1 cebula dymka

1 ząbek czosnku

Pietruszka

Oliwa z oliwek

Sól i pieprz

PRZETWARZANIE

Schłodzić żołądki w dużej ilości zimnej wody przez co najmniej 2 godziny, zmieniając wodę 2 lub 3 razy. Następnie ugotuj je w garnku zalanym zimną wodą. Pozostawić do działania na 10 sekund od pierwszego wrzenia, wyjąć i ostudzić. Usuń całą skórę, tłuszcz i filet.

Cebulę i czosnek podsmażyć na rozgrzanej patelni, pokroić w drobną kostkę. Zwiększ ogień i dodaj solone żołądki. Smażyć przez 2 minuty i dodać oczyszczone i filetowane borowiki. Gotuj przez 2 minuty i dodaj wino. Pozostawić do zredukowania na małym ogniu przez około 20 minut.

SZTUCZKA

Sukces tego dania polega na cierpliwości w czyszczeniu żołądka. Inaczej będą gorzkie i niesmaczne.

OXOBUCO CIELĘCE Z POMARAŃCZĄ

SKŁADNIKI

8 osobuco

1 litr bulionu mięsnego

1 kieliszek białego wina

2 łyżki octu winnego

1 cebula

1 pęczek aromatycznych ziół (tymianek, rozmaryn, laur...)

2 marchewki

2 goździki

½ startej pomarańczy

Sok z 2 pomarańczy

sok z ½ cytryny

1 łyżka cukru

Masło

Oliwa z oliwek

Sól i pieprz

PRZETWARZANIE

W misce wymieszaj cebulę pokrojoną w paski julienne, marchewkę pokrojoną w małe kawałki, soki, goździki, aromatyczne zioła i białe wino. Dopraw ossobuchi i marynuj w tej mieszance przez 12 godzin. Odcedź i zachowaj płyn.

Mięso osusz i zrumień na bardzo dużym ogniu w rondlu.

Z boku ugotuj warzywa marynowane w oleju i dodaj ossobuchi. Gotuj do miękkości. Dodaj zarezerwowany płyn i gotuj na wolnym ogniu przez 5 minut. Zwilżyć bulionem mięsnym. Przykryj i gotuj przez około 3 godziny lub do momentu, aż kość łatwo się rozpadnie.

W międzyczasie zrobić karmel z cukru i octu. Polej to sosem. Dodaj trochę masła i skórkę pomarańczową. Dusić kilka minut razem z mięsem.

SZTUCZKA

Ważne jest, aby garnek, w którym smaży się ossobuco, był bardzo gorący, dzięki czemu mięso będzie znacznie bardziej soczyste.

KIEŁBASKA WINNA

SKŁADNIKI

20 świeżych kiełbas

2 cebule pokrojone w paski julienne

½ litra białego wina

1 łyżka mąki

2 liście laurowe

Oliwa z oliwek

Sól i pieprz

PRZETWARZANIE

Kiełbaski smażymy na dużym ogniu. Wyjmij i zarezerwuj.

Cebulę pokroić w paski julienne i smażyć na małym ogniu przez 40 minut na tym samym oleju co kiełbaski. Dodaj mąkę i smaż przez 5 min. Dodać ponownie kiełbaski, zalać winem i dodać liście laurowe.

Gotuj przez 20 minut, aż cały alkohol odparuje i dopraw solą i pieprzem.

SZTUCZKA

Doskonałą wersję można zrobić dodając lambrusco zamiast białego wina.

ANGIELSKI PASZTET MIĘSNY

SKŁADNIKI

800 g mięsa mielonego

800 g ziemniaków

2 szklanki czerwonego wina

1 szklanka bulionu z kurczaka

4 żółtka

4 ząbki czosnku

2 średnie dojrzałe pomidory

2 cebule

4 marchewki

Parmezan

tymianek

Lebiodka

Oliwa z oliwek

Sól i pieprz

PRZETWARZANIE

Obierz, pokrój i ugotuj ziemniaki. Rezerwa. Zetrzyj czosnek, cebulę i marchewkę.

Mięso przyprawić i zrumienić. Następnie dodaj warzywa i pozwól im dobrze wyschnąć. Dodaj starte pomidorki koktajlowe i smaż. Zwilż wino i pozwól mu odparować. Zwilż bulionem i poczekaj, aż sos będzie prawie suchy. Dodaj tymianek i oregano.

Przepuść ziemniaki przez tłuczek do ziemniaków, dopraw solą i pieprzem, dodaj drobno starty parmezan i 4 żółtka.

Mięso ciasno ułożyć w formie, na wierzchu ułożyć puree i grubo starty parmezan. Pieczemy w 175ºC przez 20 min.

SZTUCZKA

Może towarzyszyć dobry sos pomidorowy, a także sos barbecue.

DUSZONA CIELĘCA OKRĄGŁA

SKŁADNIKI

1 runda cielęciny

250 ml bulionu mięsnego

250 ml białego wina

1 gałązka tymianku

1 gałązka rozmarynu

3 ząbki czosnku

2 marchewki

2 cebule

1 tarty pomidor

Oliwa z oliwek

Sól i pieprz

PRZETWARZANIE

Dopraw filet solą i pieprzem, umieść w siatce do mięsa i zrumień na bardzo gorącej patelni. Usuń i zarezerwuj.

Na tym samym oleju podsmaż pokrojone warzywa. Gdy zmiękną, dodaj startego pomidora i gotuj, aż straci całą wodę.

Zalać winem i zredukować do ¼ objętości. Mięso włożyć z powrotem i zalać bulionem. Dodać aromatyczne zioła.

Przykryj i gotuj przez 90 minut lub do momentu, aż wołowina będzie miękka. W połowie gotowania przewróć. Wyjąć mięso i zmiksować sos. Przefiltruj i dodaj sól.

Filetujemy mięso i podajemy okrągłe filety polane sosem.

SZTUCZKA

Można go również przygotować w piekarniku nagrzanym do 180ºC i obrócić go w połowie pieczenia.

RENE W JEREZ

SKŁADNIKI

¾ kg nerek wieprzowych

150 ml sherry

1 szklanka octu

1 łyżka papryki

1 płaska łyżka mąki

2 ząbki czosnku

1 cebula

4 łyżki oliwy z oliwek

Sól i pieprz

PRZETWARZANIE

Oczyszczone i pokrojone nerki moczymy przez 3 godziny w lodowatej wodzie z 1 szklanką octu. W garnku zagotuj wodę i odwróć pokrywkę do góry dnem. Połóż nerki na wierzchu i trzymaj na ogniu przez 10 minut, aż stracą płyny i zanieczyszczenia. Po tym czasie zmyć dużą ilością zimnej wody.

Drobno posiekaj cebulę i czosnek. Smażyć na oleju w niskiej temperaturze przez 10 min. Zwiększ ogień i dodaj posypane pieprzem nerki na złoty kolor.

Zmniejszyć ogień i dodać mąkę i paprykę. Smażyć przez 1 minutę i zalać sherry i 1 dl wody. Gotuj, aż cały alkohol odparuje. Sezon z solą.

SZTUCZKA

Ważną rzeczą w tym przepisie jest dokładne oczyszczenie nerek.

mediolańskie ossobuco

SKŁADNIKI

6 kości szpikowych

250 g marchwi

250 g cebuli

¼ litra czerwonego wina

1 gałązka tymianku

½ główki czosnku

1 liść laurowy

1 duży dojrzały pomidor

tło mięsa

Oliwa z oliwek

Sól i pieprz

PRZETWARZANIE

Przyprawić ossobuco i zrumienić z obu stron. Usuń i zarezerwuj.

Na tym samym oleju podsmaż marchewkę, cebulę i czosnek pokrojone na małe kawałki. Doprawiamy solą i dodajemy startego pomidora. Smażyć na dużym ogniu, aż straci całą wodę.

Dodaj ponownie ossobuco, dodaj wino i gotuj przez 3 min. Zalać bulionem tak, aby przykrył mięso. Dodaj przyprawy i smaż, aż mięso oddzieli się od kości. Sezon z solą.

SZTUCZKA

Jeśli to możliwe, marynuj wszystkie warzywa z mięsem, winem i ziołami poprzedniej nocy. Intensywność smaku będzie większa.

SEKRET IBERYJSKI Z DOMOWYM SOSEM CHIMICHURRI

SKŁADNIKI

4 iberyjskie tajemnice

2 łyżki octu

1 łyżeczka świeżej pietruszki

1 łyżeczka papryki

1 łyżeczka mielonego kminku

3 listki świeżej bazylii

3 ząbki czosnku

Sok z ½ małej cytryny

200 ml oliwy z oliwek

sól

PRZETWARZANIE

Zmiażdż obrany czosnek, natkę pietruszki, bazylię, paprykę, ocet, kminek, sok z cytryny, olej i dopraw solą do smaku.

Smaż sekrety na bardzo gorącej patelni przez 1 minutę z każdej strony. Podawaj od razu i udekoruj sosem.

SZTUCZKA

Ubijanie składników w moździerzu sprawia, że kawałki są bardziej całe.

CIELĘCA Z TUŃCZYKA

SKŁADNIKI

1 kg okrągłej wołowiny

250g majonezu

120 g tuńczyka z puszki, odsączonego

100 ml wytrawnego białego wina

1 gałązka pietruszki

1 łyżeczka soku z cytryny

1 łodyga selera

1 liść laurowy

15 kaparów

8 anchois

1 cebula

1 por

1 marchewka

sól

PRZETWARZANIE

Wstawić do ognia 1,5 litra wody, dodać obrane i pokrojone w średniej wielkości warzywa warzywa, sól i wino. Dodaj mięso i gotuj przez 75 minut na małym ogniu. Pozostawić do ostygnięcia w wodzie, odcedzić i przechowywać pod przykryciem w lodówce. Następnie pokroić w bardzo cienkie plasterki.

W międzyczasie przygotuj sos łącząc majonez, tuńczyk, kapary, anchois i cytrynę. Mieszamy i polewamy mięso. Odstawić szczelnie przykryte do lodówki na kolejną 1 godzinę.

SZTUCZKA

Można to również zrobić, gotując rundę w piekarniku przez 90 minut.

OGON BYKA

SKŁADNIKI

2 ogony wołowe

2 litry bulionu mięsnego

1 litr czerwonego wina

3 łyżki sosu pomidorowego

1 gałązka tymianku

1 gałązka rozmarynu

8 marchewek

4 łodygi selera

2 średnie włoskie papryki

2 średnie cebule

Oliwa z oliwek

Sól i pieprz

PRZETWARZANIE

Marchewkę, paprykę, cebulę i seler kroimy w drobną kostkę, a warzywa razem z ogonem wołowym wrzucamy do garnka. Zalać winem i pozostawić do maceracji na 24 godziny. Odcedź warzywa i ogon wołowy i zachowaj wino.

Doprawić i zrumienić ogon. Brać. Na tym samym oleju z odrobiną soli smażymy warzywa.

Dodać sos pomidorowy, zalać winem i zredukować o połowę na dużym ogniu. Dodaj ogon, bulion i aromatyczne zioła. Gotuj na małym ogniu, aż mięso będzie łatwo odchodzić od kości. Sezon z solą.

SZTUCZKA

Jeśli do sosu dodamy kostkę masła i ubijemy go, uzyskamy bardzo błyszczącą mieszankę, która posłuży do przyprawiania mięsa.

ciasteczka

SKŁADNIKI

150 g kuwertury czekoladowej

150 g) cukier

100 g masła

70 g mąki

50 g orzechów laskowych

1 łyżeczka drożdży

2 jajka

sól

PRZETWARZANIE

Delikatnie rozpuść czekoladę z masłem w kuchence mikrofalowej. Z boku ubijaj jajka z cukrem przez 3 minuty.

Połącz te składniki i dodaj przesianą mąkę, szczyptę soli i proszek do pieczenia. Wymieszaj ponownie. Na koniec dodać orzechy laskowe.

Rozgrzej piekarnik do 180ºC. Masę przełożyć do wcześniej wysmarowanej masłem i wysypanej mąką formy i piec 15 minut.

SZTUCZKA

Gdy orzechy laskowe zostaną włączone, dodaj również chmurki cukierków przekrojonych na pół. Niespodzianka jest zabawna.

SORBET CYTRYNOWY Z MIĘTĄ

SKŁADNIKI

225 g cukru

½ litra soku z cytryny

Skórka otarta z 1 cytryny

3 białka jaj

8 listków mięty

PRZETWARZANIE

Podgrzewać ½ litra wody z cukrem na małym ogniu przez 10 min. Dodać listki mięty pokrojonej w paski, skórkę i sok z cytryny. Odstaw do ostygnięcia i włóż do zamrażarki (nie musi być całkowicie zamrożony).

Białka ubij na sztywną pianę i dodaj do mieszanki cytrynowej. Ponownie zamroź i podawaj.

SZTUCZKA

Jeśli dodasz szczyptę soli podczas ubijania białek, staną się one twardsze i twardsze.

ASTURYJSKI RYŻ Z MLEKIEM

SKŁADNIKI

100 g ryżu

100 g cukru

100 g masła

1 litr mleka

2 żółtka

1 laska cynamonu

Skórka otarta z 1 cytryny

Skórka otarta z 1 pomarańczy

PRZETWARZANIE

Mleko zagotować na bardzo małym ogniu razem z startymi cytrusami i cynamonem. Kiedy zacznie się gotować, dodaj ryż i od czasu do czasu mieszaj.

Gdy ryż będzie prawie miękki, dodać cukier i masło. Gotuj przez kolejne 5-10 minut.

Zdejmij żółtka z ognia i wymieszaj, aby uzyskać konsystencję syropu.

SZTUCZKA

Aby uzyskać jeszcze bardziej niesamowity efekt, podczas gotowania umieść 1 liść laurowy.

DOMOWY TWARD Z MIODEM I ORZECHAMI WŁOSKIMI

SKŁADNIKI

1 litr mleka owczego

4 łyżki miodu

12 kropli podpuszczki farmaceutycznej

Orzechy

PRZETWARZANIE

Mleko zagotować w rondelku. Usuń przy pierwszym zagotowaniu. Odstaw, aż osiągnie temperaturę pokojową (około 28 ºC).

Do mleka dodać podpuszczkę, cały czas mieszając. Natychmiast umieść w osobnych pojemnikach i pozostaw do ostygnięcia w lodówce.

Podawać z miodem i orzechami.

SZTUCZKA

Aby uzyskać inny smak, dodaj 1 gałązkę rozmarynu podczas gotowania mleka.

CIASTECZKO KAWOWE

SKŁADNIKI

175 g cukru

½ litra śmietany kremówki

4 dl kawy (rozpuszczalnej lub perkolowanej)

8 żółtek

PRZETWARZANIE

Ubijaj jajka z cukrem i kawą w misce przez 5 minut.

Ubij śmietankę i wymieszaj z kawą. Następnie zamrażaj przez co najmniej 3 godziny.

SZTUCZKA

Może być wykonany z innych smaków, takich jak czekolada, horchata itp.

AMERYKAŃSKA szarlotka

SKŁADNIKI

300 g mąki

100 g cukru

80 g masła

2 jabłka Granny Smith

2 jabłka pipin

1 jajko

Cynamon

PRZETWARZANIE

Jabłka obrać i pokroić w cienkie plasterki. Włóż je do miski razem z cukrem i cynamonem do smaku.

Masło miksujemy z mąką do uzyskania konsystencji piasku. Dodaj trochę zimnej wody do tej mieszanki i ugniataj przez 10 minut, aż przyklei się do dłoni.

Ciasto rozwałkować wałkiem i połowę wyłożyć na wyłożoną papierem i wcześniej oprószoną mąką formę. Do środka włożyć plastry jabłek i przykryć drugą połową ciasta. Zapieczętowane, jakby były pierogami.

Pomaluj jajkiem i wykonaj kilka nacięć na środku ciasta, aby para mogła się wydostać. Pieczemy w temperaturze 170ºC, aż powierzchnia nabierze ładnego złocistego koloru.

SZTUCZKA

Możesz dodać rodzynki do nadzienia i przyprawy, takie jak mielony imbir, mielone goździki itp.

CIASTO SOLETILLA

SKŁADNIKI

200 g cukru

200 g mąki

8 jajek

PRZETWARZANIE

Białka ubić z jednej strony ze 100 g cukru, aż zacznie padać śnieg.

Natomiast żółtka ubijamy z resztą cukru, aż podwoją swoją objętość i staną się białawe.

Następnie połącz obie masy okrężnymi ruchami i stopniowo dodawaj przesianą mąkę.

Rozłóż ciasto równomiernie na blasze wyłożonej papierem do pieczenia i piecz w temperaturze 180ºC przez 10 min. Pozostawić do odpoczynku i ostygnięcia.

SZTUCZKA

Jest idealną bazą do niezliczonych deserów: bułek cygańskich, ciast, parfaitów itp.

PROFITEROLE

SKŁADNIKI

150 g mąki

100 g masła

5 jajek (w tym 1 do posmarowania ptysiów)

125 ml mleka

1 łyżeczka cukru

1 łyżeczka soli

PRZETWARZANIE

Mleko zagotować razem ze 125 ml wody, masłem, solą i cukrem. Gdy się zagotuje, dodać całą mąkę na raz. Po zdjęciu z ognia mieszać przez 30 sekund. Postawić z powrotem na ogień i ponownie mieszać przez 1 minutę, aż ciasto przylgnie do ścianek naczynia.

Wlej ciasto do miski i dodawaj po jednym 4 jajka (nie dodawaj następnego, dopóki poprzednie dobrze nie połączy się z ciastem).

Łyżką uformować kopczyki na blasze wyłożonej papierem do pieczenia (zostawić około 3 cm odstępu między każdymi profiterolami). Każdą posmarować pozostałym jajkiem.

Piec w temperaturze 200ºC przez około 20 minut lub do uzyskania złotego koloru.

SZTUCZKA

Można je nadziać śmietaną i polać sosem czekoladowym.

TATIN Z JABŁECZKAMI

SKŁADNIKI

1 ½ kg jabłek pipin

180 g cukru

1 arkusz ciasta francuskiego

1 cytryna

PRZETWARZANIE

Przygotuj karmel w pojemniku w piekarniku nagrzanym do 170ºC z cukru, kropli wody i kilku kropli cytryny. Usuń, gdy nabierze trochę koloru. Nie usuwać.

W międzyczasie obierz jabłka, usuń gniazda nasienne i pokrój je w cienkie plasterki lub ćwiartki. Ułóż arkusze na karmelu w kształcie wachlarza, nie pozostawiając szczelin

Doprowadzić do wrzenia, wyjąć i przykryć ciastem francuskim, zawijając brzegi do środka, tak aby nie było widać jabłka ani karmelu. Pieczemy w temperaturze 190°C na złoty kolor na powierzchni. Podawać na gorąco.

SZTUCZKA

To ciasto możesz zrobić z dowolnymi owocami. Świetnie smakuje z ananasem lub bananem. Do tego gałka lodów waniliowych.

MUS Z BIAŁEJ CZEKOLAD I POMARAŃCZY

SKŁADNIKI

250 g białej czekolady

400ml śmietanki kremówki

5 jajek

Skórka otarta z 1 pomarańczy

PRZETWARZANIE

Ubij żółtka, aż potroją swoją objętość. Białka ubić na sztywną pianę. Śmietanę ubić ze skórką pomarańczową.

Żółtka mieszamy z roztopioną czekoladą i dodajemy śmietankę. Połącz białka z miękkimi i otulającymi ruchami.

SZTUCZKA

Aby krem lepiej się ubił, włóż go wcześniej do zamrażarki na 30 minut.

KREM POMARAŃCZOWY

SKŁADNIKI

65 g cukru

400 ml mleka

2 łyżki rumu

3 żółtka

1 laska wanilii

1 pomarańcza

PRZETWARZANIE

Żółtka utrzeć z cukrem. Dodaj skórkę i sok z pomarańczy, nasiona wanilii, rum i mleko.

Gotować na małym ogniu nie przerywając mieszania. Gdy zacznie się gotować, energicznie ubijaj trzepaczką przez 15 sekund. Zdejmij z ognia i kontynuuj ubijanie przez kolejne 15 sekund.

SZTUCZKA

Posiekaj kilka listków świeżej mięty i dodaj je na wierzchu.

CIASTO JOGURTOWE

SKŁADNIKI

375 g mąki

250 g jogurtu naturalnego

250 g cukru

1 saszetka drożdży chemicznych

5 jajek

1 mała pomarańcza

1 cytryna

125 g oleju słonecznikowego

PRZETWARZANIE

Jajka i cukier ubijać mikserem przez 5 min. Wymieszaj z jogurtami, olejem, skórką i sokiem z cytrusów.

Mąkę i proszek do pieczenia przesiać i dodać do jogurtów.

Natłuścić i posypać mąką formę. Wlać mieszankę i gotować w temperaturze 165 ºC przez około 35 min.

SZTUCZKA

Używaj jogurtów smakowych do robienia różnych ciasteczek.

BANANOWY KOMPOT ROZMARYNOWY

SKŁADNIKI

30 g masła

1 gałązka rozmarynu

2 banany

PRZETWARZANIE

Obierz i pokrój banany.

Umieść je w rondlu, przykryj i gotuj na bardzo małym ogniu razem z masłem i rozmarynem, aż banan będzie przypominał kompot.

SZTUCZKA

Ten kompot pasuje zarówno do kotletów schabowych, jak i biszkoptu czekoladowego. Podczas gotowania można dodać 1 łyżkę cukru, aby był słodszy.

KREM BRULEE

SKŁADNIKI

100 g cukru trzcinowego

100 g białego cukru

400cl śmietany

300cl mleka

6 żółtek

1 laska wanilii

PRZETWARZANIE

Otwórz laskę wanilii i wyciągnij ziarenka.

W misce ubij mleko z białym cukrem, żółtkami, śmietaną i laskami wanilii. Napełnij tą mieszanką poszczególne foremki.

Rozgrzej piekarnik do 100°C i piecz w kąpieli wodnej przez 90 min. Po ostygnięciu posypać brązowym cukrem i spalić palnikiem (lub rozgrzać piekarnik do maksimum w trybie grilla i piec, aż cukier się lekko przypali).

SZTUCZKA

Dodaj 1 łyżkę rozpuszczalnego kakao do śmietanki lub mleka, aby uzyskać pyszny kakaowy crème brûlée.

RĘKA CYGAŃSKA FACHOWA W KREMIE

SKŁADNIKI

250 g czekolady

125 g cukru

½ litra śmietany

Biszkopt Soletilla (patrz dział Desery)

PRZETWARZANIE

Zrób biszkopt z soletilli. Napełnij bitą śmietaną i zwiń samo w sobie.

Cukier zagotować w rondelku razem ze 125 g wody. Dodaj czekoladę, pozwól jej się stopić przez 3 minuty nie przerywając mieszania i przykryj nią bułkę. Pozwól mu odpocząć przed podaniem.

SZTUCZKA

Aby cieszyć się jeszcze bardziej kompletnym i pysznym deserem, dodaj do kremu małe kawałki owoców w syropie.

FLAN JAJKA

SKŁADNIKI

200 g cukru

1 litr mleka

8 jajek

PRZETWARZANIE

Gotować na małym ogniu, nie mieszając karmelu z cukrem. Gdy nabierze rumianego koloru, zdejmij z ognia. Rozłóż w osobnych flanach lub w dowolnej foremce.

Ubij mleko i jajka, unikając tworzenia się piany. Jeśli pojawi się przed włożeniem do foremek, usuń go całkowicie.

Zalej karmelem i gotuj w kąpieli wodnej w temperaturze 165ºC przez około 45 minut lub do momentu, gdy igła wyjdzie czysta.

SZTUCZKA

Ten sam przepis służy do przygotowania pysznego puddingu. Wystarczy dodać do ciasta croissanty, babeczki, biszkopty… z poprzedniego dnia.

GALARETKA CAVA Z TRUSKAWKAMI

SKŁADNIKI

500 g cukru

150 g truskawek

1 butelka wina musującego

½ opakowania płatków żelatyny

PRZETWARZANIE

Podgrzej cava i cukier w rondelku. Namoczoną wcześniej w zimnej wodzie żelatynę zdjąć z ognia.

Podawaj w kieliszkach do martini razem z truskawkami i przechowuj w lodówce, aż zgęstnieje.

SZTUCZKA

Można go również zrobić z dowolnym słodkim winem i czerwonymi owocami.

SMAŻONY

SKŁADNIKI

150 g mąki

30 g masła

250 ml mleka

4 jajka

1 cytryna

PRZETWARZANIE

Mleko i masło zagotować razem ze skórką z cytryny. Gdy się zagotuje, zdejmij skórkę i od razu wsyp mąkę. Wyłącz ogrzewanie i mieszaj przez 30 sekund.

Ponownie stawiamy na ogniu i mieszamy jeszcze minutę, aż ciasto przylgnie do ścianek naczynia.

Ciasto przełożyć do miski i dodawać po jednym jajku (kolejnego nie dodawać, dopóki poprzednie dobrze nie połączy się z ciastem).

Przy pomocy rękawa cukierniczego lub 2 łyżek smażymy naleśniki w małych porcjach

SZTUCZKA

Może być wypełniony kremem, śmietaną, czekoladą itp.

KOKA ŚW. JANA

SKŁADNIKI

350 g mąki

100 g masła

40 g orzeszków piniowych

250 ml mleka

1 saszetka proszku do pieczenia

Skórka otarta z 1 cytryny

3 jajka

cukier

sól

PRZETWARZANIE

Mąkę i proszek do pieczenia przesiać. Wymieszaj i zrób wulkan. Na środek włożyć skórkę, 110 g cukru, masło, mleko, jajka i szczyptę soli. Dobrze wyrabiamy, aż ciasto przestanie kleić się do rąk.

Rozwałkuj wałkiem, aż uzyskasz cienki prostokątny kształt. Ułóż je na blasze wyłożonej papierem do pieczenia i pozostaw do wyrośnięcia na 30 min.

Colę malujemy jajkiem, posypujemy orzeszkami piniowymi i 1 łyżką cukru. Pieczemy w 200ºC przez około 25 min.

SZTUCZKA

Najlepiej smakuje na zimno. Przed pieczeniem ułóż na wierzchu kilka kawałków kandyzowanych owoców. Rezultat jest fantastyczny.

FILIŻANKA KOMPOTU Z GRUSZEK Z MASCARPONE

SKŁADNIKI

400 g gruszek

250 g mascarpone

50 g cukru pudru

50 g białego cukru

1 dl rumu

½ łyżeczki mielonego cynamonu

4 goździki

PRZETWARZANIE

Gruszki obrać i pokroić. Umieść je w pojemniku i dodaj likier i goździki. Zalać wodą i gotować przez 20 minut lub do miękkości. Przefiltrować i zmielić.

Umieść puree gruszkowe z powrotem na ogniu z cukrem i cynamonem i gotuj przez około 10 minut.

Z boku zmiksować mascarpone z cukrem pudrem.

Schłodzony kompot rozlej do 4 szklanek i ułóż ser na wierzchu.

SZTUCZKA

Do mascarpone z cukrem pudrem możesz dodać skórkę z cytryny i kilka łyżek limoncello. Rezultat jest pyszny.

CZEKOLADOWY KONTAKT

SKŁADNIKI

250 g kuwertury czekoladowej

250 g masła

150 g) cukier

100 g mąki

6 żółtek

5 całych jaj

Gałka lodów (opcjonalnie)

PRZETWARZANIE

Rozpuść czekoladę i masło w kuchence mikrofalowej. W międzyczasie ubij żółtka i jajka. Dodaj jajka do masy czekoladowej.

Mąkę przesiać i wymieszać z cukrem. Dodaj czekoladę i jajka i ubij.

Pojedyncze foremki wysmarować tłuszczem i posypać mąką, a następnie napełnić je poprzednią mieszanką do ¾ ich pojemności. Przechowywać w lodówce przez 30 min.

Rozgrzej piekarnik do 200ºC i piecz przez co najmniej 6 min. Musi być roztopiony w środku i ścięty na zewnątrz.

Podawać gorące, z gałką lodów.

SZTUCZKA

Dodaj pokrojonego banana i krem z orzechów laskowych. rozkosz

CIASTO MARCHEWKO-SEROWE

SKŁADNIKI

360 g mąki

360 g cukru

2 łyżeczki proszku do pieczenia

8 dużych jaj

5 dużych marchewek

1 pomarańcza

Orzechy

rodzynki

ser do smarowania

Cukier puder

Olej słonecznikowy

PRZETWARZANIE

Rozgrzej piekarnik do 170ºC.

Marchewki obrać, posiekać i ugotować do bardzo miękkiej miękkości. Zmiksuj razem z jajkami, sokiem z ½ pomarańczy, skórką pomarańczową, cukrem i odrobiną oleju słonecznikowego.

Drożdże wymieszać z mąką, cukrem i przesiać przez sito.

Połącz ciasto z mieszanką mąki. Dodaj posiekane orzechy włoskie i rodzynki i dobrze wymieszaj.

Natłuścić i posypać mąką formę. Wlać ciasto i piec przez 45 minut lub do momentu, aż wbita igła wyjdzie czysta.

Pozostawić do ostygnięcia i ułożyć na wierzchu warstwę sera wymieszanego z cukrem pudrem.

SZTUCZKA

Można również dodać cynamon, imbir, goździki itp. Rezultat cię zaskoczy.

Krem kataloński

SKŁADNIKI

200 g cukru

45 g skrobi kukurydzianej

1 litr mleka

8 żółtek

1 laska cynamonu

Skórka otarta z 1 cytryny

PRZETWARZANIE

Prawie całe mleko zagotować na małym ogniu z cynamonem i skórką z cytryny.

W międzyczasie ubić żółtka z cukrem i resztą mleka bez podgrzewania.

Gorące mleko mieszamy z żółtkami i gotujemy na małym ogniu. Ciągle mieszaj kilkoma prętami, aż do pierwszego wrzenia. Następnie zdejmij z ognia i kontynuuj ubijanie przez kolejne 2 minuty.

Podawać w doniczkach z terakoty i pozostawić do ostygnięcia. Podczas serwowania posyp cukrem na wierzchu i spal go łopatą lub pochodnią.

SZTUCZKA

Mleko można zastąpić horchatą. Jest spektakularna horchata creme brulee.

FRANCUSKIE TOSTY

SKŁADNIKI

1 kawałek chleba, 3 lub 4 dni

2 litry mleka

3 jajka

Skórka z 1 cytryny

laska cynamonu

Proszek cynamonowy

cukier

Oliwa z oliwek

PRZETWARZANIE

Mleko zagotować z laską cynamonu i skórką z cytryny razem z 3 łyżkami cukru. Gdy zacznie się gotować, przykryć i odstawić na 15 minut.

Chleb kroimy w kromki i układamy na talerzu. Odcedź mleko na namoczonym chlebie.

Tosty francuskie odsączamy, wbijamy w roztrzepane jajko i smażymy z obu stron. Zdjąć z oleju, odsączyć i przepuścić przez cukier i cynamon.

SZTUCZKA

Możesz zakończyć z 1 łyżką słodkiego wina na wierzchu.

KREM Z KREMEM

SKŁADNIKI

65 g cukru

20 g skrobi kukurydzianej

250 ml mleka

3 żółtka

PRZETWARZANIE

Prawie całe mleko zagotować.

W międzyczasie połączyć resztę mleka z żółtkami, cukrem i skrobią kukurydzianą. Dobrze wymieszaj, aż grudki znikną.

Do wrzącego mleka dodać masę jajeczną. Ubijaj, aż ponownie się zagotuje i kontynuuj energiczne mieszanie przez kolejne 15 sekund.

Zdjąć z ognia i ubijać jeszcze 15 sekund. Pozostaw do ostygnięcia i przechowuj w lodówce.

SZTUCZKA

Jest podstawą niezliczonych deserów, a jego zmienne są niemal nieskończone.

Ciasto Kokosowo-Brzoskwiniowe

SKŁADNIKI

65 g wiórków kokosowych

½ litra mleka

4 łyżki cukru

4 jajka

4 połówki brzoskwiń w syropie

1 słoik skondensowanego mleka

PRZETWARZANIE

Gotować na małym ogniu, nie mieszając karmelu z cukrem. Gdy nabierze rumianego koloru, zdejmij z ognia. Podzielić na poszczególne flany.

Kokos zmiksować ze skondensowanym mlekiem, jajkami, brzoskwinią i mlekiem. Zalać karmelem i gotować przez 35 minut w temperaturze 175ºC lub do momentu, aż igła wyjdzie czysta.

SZTUCZKA

Do ciasta dodać kilka kawałków muffinek.

FONDUE Z BIAŁEJ CZEKOLAD I OWOCÓW

SKŁADNIKI

500 g białej czekolady

100 g orzechów laskowych

¼ litra mleka

¼ litra śmietany

8 truskawek

2 banany

PRZETWARZANIE

Zagotuj śmietanę i mleko. Dodaj czekoladę z ognia, aż się rozpuści. Dodać posiekane orzechy laskowe.

Pokrój owoce na równe kawałki i umieść je w misce razem z kremem czekoladowym.

SZTUCZKA

Jeśli dzieci nie zamierzają tego jeść, zwilż je odrobiną rumu.

CZERWONE OWOCE W SŁODKIM WINIE Z MIĘTĄ

SKŁADNIKI

550 g czerwonych owoców

50 g cukru

2 dl słodkiego wina

5 listków mięty

PRZETWARZANIE

Czerwone owoce, cukier, słodkie wino i listki mięty gotować w rondelku przez 20 min.

Odstaw w tym samym pojemniku, aż ostygnie i podawaj w osobnych miseczkach.

SZTUCZKA

Kruszyć i podawać z lodami śmietankowymi i ciasteczkami z kawałkami czekolady.

INTXAURSALSA (KREM ORZECHOWY)

SKŁADNIKI

125 g łuskanych orzechów włoskich

100 g cukru

1 litr mleka

1 mała laska cynamonu

PRZETWARZANIE

Mleko zagotować z cynamonem, dodać cukier i posiekane orzechy włoskie.

Gotuj na małym ogniu przez 2 godziny i odstaw do ostygnięcia przed podaniem.

SZTUCZKA

Powinno mieć konsystencję przypominającą budyń ryżowy.

MLEKO Z MERENGUATU

SKŁADNIKI

175 g cukru

1 litr mleka

Skórka z 1 cytryny

1 laska cynamonu

3 lub 4 białka jaj

Proszek cynamonowy

PRZETWARZANIE

Podgrzej mleko z laską cynamonu i skórką z cytryny na małym ogniu, aż zacznie wrzeć. Natychmiast dodaj cukier i gotuj przez kolejne 5 minut. Zarezerwuj i pozostaw do ostygnięcia w lodówce.

Gdy będzie zimne, ubij białka na sztywną pianę i okrężnymi ruchami dodawaj mleko. Podawać z mielonym cynamonem.

SZTUCZKA

Aby uzyskać niezrównaną granitę, odstaw ją do zamrażarki i co godzinę zeskrobuj widelcem, aż całkowicie się zamrozi.

KOCIE JĘZYKI

SKŁADNIKI

350 g sypkiej mąki

250 g maści maślanej

250 g cukru pudru

5 białek jaj

1 jajko

Wanilia

sól

PRZETWARZANIE

Do miski włożyć masło, cukier puder, szczyptę soli i odrobinę esencji waniliowej. Dobrze ubij i dodaj jajko. Kontynuuj ubijanie i dodawaj pojedynczo białka, cały czas ubijając. Dodaj mąkę od razu, nie mieszając dużo.

Krem przechowywać w rękawie z gładką końcówką i formować paski o długości około 10 cm. Uderz talerzem o stół, aby ciasto się rozłożyło i piecz w temperaturze 200ºC, aż brzegi będą złocistobrązowe.

SZTUCZKA

Dodaj 1 łyżkę proszku kokosowego do ciasta, aby uzyskać różne kocie języki.

CIASTKA POMARAŃCZOWE

SKŁADNIKI

220 g mąki

200 g cukru

4 jajka

1 mała pomarańcza

1 na drożdżach chemicznych

Proszek cynamonowy

220 g oleju słonecznikowego

PRZETWARZANIE

Jajka zmiksować z cukrem, cynamonem, skórką i sokiem z pomarańczy.

Dodać olej i wymieszać. Dodać przesianą mąkę i proszek do pieczenia. Pozostaw tę mieszaninę na 15 minut i wlej do foremek na babeczki.

Rozgrzej piekarnik do 200ºC i piecz przez 15 minut, aż się zarumienią.

SZTUCZKA

Do ciasta można dodać wiórki czekoladowe.

PIECZONE JABŁKA Z PORTO

SKŁADNIKI

80 g masła (w 4 kawałkach)

8 łyżek portu

4 łyżki cukru

4 jabłka pipin

PRZETWARZANIE

Obierz jabłka. Napełnij cukrem i połóż masło na wierzchu.

Pieczemy 30 min w 175ºC. Po tym czasie każde jabłko posypać 2 łyżkami porto i piec jeszcze 15 minut.

SZTUCZKA

Podawać gorące z gałką lodów waniliowych i skropić sokiem, który puściły.

GOTOWANA BEZOWA

SKŁADNIKI

400 g cukru pudru

100 g cukru pudru

¼ litra białek jaj

krople soku z cytryny

PRZETWARZANIE

Ubij białka jaj w kąpieli wodnej z sokiem z cytryny i cukrem, aż będą dobrze ubite. Zdjąć z ognia i dalej ubijać (w miarę ochładzania beza zgęstnieje).

Dodać cukier puder i dalej ubijać, aż beza całkowicie ostygnie.

SZTUCZKA

Może być używany do pokrywania ciast i wykonywania dekoracji. Nie przekraczać 60 ºC, aby białko jajka nie stwardniało.

KREM

SKŁADNIKI

170 g cukru

1 litr mleka

1 łyżka skrobi kukurydzianej

8 żółtek

Skórka z 1 cytryny

Cynamon

PRZETWARZANIE

Mleko zagotować ze skórką z cytryny i połową cukru. Przykryj, gdy tylko się zagotuje i pozwól mu odpocząć z ognia.

Z boku ubij żółtka w misce z resztą cukru i skrobią kukurydzianą. Dodaj jedną czwartą gotowanego mleka i dalej mieszaj.

Dodać masę żółtkową do reszty mleka i gotować, ciągle mieszając.

Przy pierwszym zagotowaniu ubijaj trzepaczką przez 15 sekund. Zdejmij z ognia i kontynuuj ubijanie przez kolejne 30 sekund. Odcedź i pozostaw do ostygnięcia. Posypać cynamonem.

SZTUCZKA

Aby zrobić smakowy krem - czekoladę, pokruszone ciasteczka, kawę, wiórki kokosowe itp. - po prostu wymieszaj pożądany smak z ognia i gdy jest gorący.

FIOLETOWE CUKIERKI PANNA COTTA

SKŁADNIKI

150 g) cukier

100 g fioletowych cukierków

½ litra śmietany

½ litra mleka

9 arkuszy żelatyny

PRZETWARZANIE

Nawilż arkusze żelatyny zimną wodą.

Śmietankę, mleko, cukier i karmelki podgrzać w rondelku, aż się rozpuszczą.

Po zdjęciu z ognia dodać żelatynę i mieszać do całkowitego rozpuszczenia.

Przelej do foremek i wstaw do lodówki na co najmniej 5 godzin.

SZTUCZKA

Możesz urozmaicić ten przepis, dodając cukierki kawowe, toffi itp.

CIASTECZKA CYTRUSOWE

SKŁADNIKI

220 g miękkiego masła

170 g mąki

55 g cukru pudru

35 g skrobi kukurydzianej

5 g skórki pomarańczowej

5 g skórki z cytryny

2 łyżki soku pomarańczowego

1 łyżka soku z cytryny

1 białko jajka

Wanilia

PRZETWARZANIE

Bardzo powoli wymieszaj masło, białko jaja, sok pomarańczowy, sok z cytryny, skórkę cytrusową i szczyptę esencji waniliowej. Mieszamy i dodajemy przesianą mąkę i skrobię kukurydzianą.

Włóż ciasto do rękawa z zakręconą końcówką i narysuj 7 cm pierścienie na papierze do pieczenia. Pieczemy 15 min w 175ºC.

Biszkopty posypać cukrem pudrem.

SZTUCZKA

Do ciasta dodać zmielone goździki i imbir. Wynik jest doskonały.

PASTY MANGA

SKŁADNIKI

550 g sypkiej mąki

400 g miękkiego masła

200 g cukru pudru

125 g mleka

2 jajka

Wanilia

sól

PRZETWARZANIE

Wymieszaj mąkę, cukier, szczyptę soli i kolejną porcję esencji waniliowej. Dodawać po jednym niezbyt zimnym jajku. Zalać lekko ciepłym mlekiem i dodać przesianą mąkę.

Włóż ciasto do rękawa z końcówką jeżykową i wylej trochę na papier do pieczenia. Pieczemy w 180ºC przez 10 min.

SZTUCZKA

Na zewnątrz możesz dodać kilka granulowanych migdałów, zanurzyć je w czekoladzie lub przymocować do nich wiśnie.

GRUSZKI W WINIE

SKŁADNIKI

300 ml dobrego czerwonego wina

250 g cukru

4 gruszki

1 laska cynamonu

1 skórka z cytryny

1 skórka pomarańczowa

PRZETWARZANIE

W rondelku z ½ litra wody i cukru zagotować syrop. Gotować na małym ogniu przez 15 min. Po tym czasie dodać wino, skórki cytrusowe i cynamon.

Gruszki obrać i dusić w winie pod przykryciem przez 20 minut lub do miękkości. Zdejmij z ognia i pozwól im ostygnąć w płynie.

SZTUCZKA

Można go zrobić z winem passito, białym winem, a nawet lambrusco.

CIASTO Z ALASKI

SKŁADNIKI

Biszkopt Soletilla (patrz dział Desery)

100 g cukru

8 białek jaj

Blok lodów 300 g

100 g owoców w syropie

PRZETWARZANIE

Zrób biszkopt i pozwól mu ostygnąć.

Przygotuj syrop z 200 ml wody i 50 g cukru. Gotuj 5 min na średnim ogniu.

Ubij 8 białek na sztywną pianę, a gdy będą już prawie sztywne, dodaj resztę cukru.

Stopniowo wlewaj syrop do białek, nie przerywając ubijania. Kontynuuj ubijanie, aż beza przestanie być gorąca.

Umieść zamrożone lody na wierzchu ciasta i owoce na lodach. Przykryj bezą i gotuj przez 1 minutę w wysokiej temperaturze, aż powierzchnia będzie złocistobrązowa.

SZTUCZKA

Złóż i upiecz ciasto na ostatnią chwilę. Kontrast temperatur zaskoczy. Do białek dodaj szczyptę soli, aby beza była bardziej stabilna.

PUDDING

SKŁADNIKI

300 g cukru

1 litr mleka

8 jajek

Desery (babeczki, croissanty z nadzieniem itp.)

Ocet

PRZETWARZANIE

Przygotuj karmel ze 100 g cukru, 1 szklanką wody i odrobiną octu. Gdy tylko zacznie nabierać koloru, zdejmij z ognia i odstaw do ostygnięcia.

Jajka ubić z resztą cukru i mlekiem (nie powinno się spienić, jak coś wyjdzie to usunąć).

Wlej karmel na dno formy. Następnie wlej masę jajeczną, dodaj ciastka i pozostaw do namoczenia.

Piec w kąpieli wodnej w temperaturze 170ºC przez 45 minut lub do momentu, aż igła wbita w środek puddingu wyjdzie sucha. Pozwól mu ostygnąć przed jedzeniem.

SZTUCZKA

Przed pieczeniem dodać kilka czekoladowych perełek do ciasta. Po stopieniu zapewnia pyszny smak.

INTXAURSALSA (KREM ORZECHOWY)

SKŁADNIKI

125 g łuskanych orzechów włoskich

100 g cukru

1 litr mleka

1 mała laska cynamonu

PRZETWARZANIE

Mleko zagotować z cynamonem, dodać cukier i posiekane orzechy włoskie.

Gotuj na małym ogniu przez 2 godziny i odstaw do ostygnięcia przed podaniem.

SZTUCZKA

Powinno mieć konsystencję przypominającą budyń ryżowy.

MLEKO Z MERENGUATU

SKŁADNIKI

175 g cukru

1 litr mleka

Skórka z 1 cytryny

1 laska cynamonu

3 lub 4 białka jaj

Proszek cynamonowy

PRZETWARZANIE

Podgrzej mleko z laską cynamonu i skórką z cytryny na małym ogniu, aż zacznie wrzeć. Natychmiast dodaj cukier i gotuj przez kolejne 5 minut. Zarezerwuj i pozostaw do ostygnięcia w lodówce.

Gdy będzie zimne, ubij białka na sztywną pianę i okrężnymi ruchami dodawaj mleko. Podawać z mielonym cynamonem.

SZTUCZKA

Aby uzyskać niezrównaną granitę, odstaw ją do zamrażarki i co godzinę zeskrobuj widelcem, aż całkowicie się zamrozi.

www.ingramcontent.com/pod-product-compliance
Lightning Source LLC
Chambersburg PA
CBHW070420120526
44590CB00014B/1465